"中华元典引读丛书"出版委员会

主　任：谢清溪

副主任：纪庆芳　展文婕

委　员（以姓氏笔画为序）：

　　　　　马　博　仝一帆　阮林要　李亚涛

　　　　　时　海　陈建恩　郑　鑫　胡玲霞

　　　　　姜　畅　高枫叶　谌洪波

史记引读

邓鸿光 著

河南大学出版社
HENAN UNIVERSITY PRESS
·郑州·

图书在版编目（CIP）数据

史记引读 / 邓鸿光著 . -- 郑州 : 河南大学出版社，2024. 12. -- ISBN 978-7-5649-6109-1

Ⅰ.K204.2

中国国家版本馆 CIP 数据核字第 20248W8K58 号

史记引读
SHIJI YINDU

总策划	孔令刚
责任编辑	韩　琳
责任校对	李君阳
封面设计	高枫叶
出版发行	河南大学出版社
	地址 : 郑州市郑东新区商务外环中华大厦 2401 号
	邮编 : 450046　电话 : 0371-86059701（营销部）
	网址 : hupress.henu.edu.cn
排　版	郑州印之星数字文化产业有限公司
印　刷	河南印之星印务有限公司
版　次	2024 年 12 月第 1 版
印　次	2024 年 12 月第 1 次印刷
开　本	889 mm×1194 mm　1/32　　**印　张**　8.25
字　数	152 千字　　　　　　　　　**定　价**　38.00 元

版权所有・侵权必究

本书如有印装质量问题，请与河南大学出版社营销部联系调换。

序

中华元典创生于春秋战国的大变革时代。自夏以来的中国早期文明社会，到周代的分封制度达到成熟阶段，这一社会形态的国家政体是贵族制。以中央王朝的国君即天子为一权力主体，以公卿士大夫即贵族为另一权力主体，世袭国君和世袭贵族通过宗亲和姻亲血缘纽带组成一个统治网络，代代相传、永恒不变地占据着国家政治生活、经济生活和文化精神生活的中心。这样一个贵族制社会从夏开始，一直延续了一千多年，到公元前770年周平王东迁，终于走向了它的衰落和蜕变。平王东迁作为一个象征性事件，标志着一个新时代的开端。春秋时期，王室衰微，礼崩乐坏，历史表面的混乱局面，掩盖着深层的历史潜流，人们往往用"春秋无义战"来描述这个时代；但历史一进入战国时期，其演变的本质便显示出来。战国时期各国变法的主流揭示,从春秋开始的这场历史大动荡,预示着一个崭新的历史时代的到来,它是一场社会形态的变革,是中国历史从贵族政治向官僚政治的过渡。

大凡历史剧烈动荡的岁月,给人们的启迪也往往更加丰富和深刻。历史的大动荡,亵渎了一切传统的神圣的东西。传统的政治体制逐渐坍塌,传统的意识形态、社会观念、思想文化遇到了前所未有的挑战。历史何以会发生这样剧烈的变革和动荡,在动荡中崩溃的社会应该以怎样的模式重新塑造等等,一系列带有世界观、历史观、社会观性质的问题,逼迫着人们去思考,去回答。于是,在思想文化领域,展开了一场长达三百年的百家争鸣。正是在这场反省历史、洞察现实、描绘未来的思想运动中,古圣先贤们为我们提供了一批支配后世民族文化发展的中华元典。这批中华元典,诸如《周易》《诗经》《尚书》《春秋》《礼记》《老子》《庄子》《论语》《墨子》《管子》《商君书》《韩非子》等等,是夏商周以来古典传统文化的积淀和结晶,又是新旧时代交替的历史启迪;它既积累了中华先民两千年文明史的卓越智慧,又是对一个新的历史进程的揭示和预见,充当了一个新时代的号角和先声。

中华元典是春秋战国这个特定时代的产物。一方面,社会历史在政治、经济上所经历的深刻变迁,给当时的思想家们以深刻的历史启迪,使其著作具有其他时代所无法比拟的深刻性；另一方面，传统社会坍塌的剧烈震撼，促使人们从历史的根本点上思考问题，从而使当时人们所提出的问题，多具有世界观、历史观和人生观的性质，具有比较广泛的普遍性价值或意义。

三十年前，冯天瑜先生在《元典文化丛书·序》中说：

> 历史的辩证法反复昭示：发展不是简单的生长和增进，它往往不一定呈直线式进步，而是通过一系列螺旋式圈层实现的。这样"回复"便不总是重复往昔，而可能是一种上升的形式，是"唤醒"事物在其开端时即已蕴蓄着的可能性的一种形式。作为由具有自觉意识的人类创造的文化，也生动地展现着螺旋式的发展轨迹，如欧洲"文艺复兴"的崇尚古希腊、"宗教改革"的服膺《圣经》，便是对"元典精神"的发扬和再造，而欧洲文化正是在这种"回复"中赢得历史性进步的。这种向"文化元典"汲取灵感，获得前进基点的现象在中国也多次出现，著名的"古文运动"便是典型事例。考之以中国近现代思想文化史，这种"返本开新""以复古为解放"，即回归元典精神以求新变的情形也俯拾即是。

冯天瑜先生所讲人类思想史上这种不断发生的"返本开新"现象，佐证了元典的不朽性。的确，中国先秦时代

所产生的文化元典,就有其不朽性。大致说,元典的不朽性主要取决于两个方面:

其一,它所提出的问题具有普遍性意义,是不同时代人们所关注的共同性问题,处在不同历史条件下的人们,都能从元典的阐述中汲取智慧,都能使自己的思考追溯到人类智慧的最初观照。譬如在元典中一再提出的如下问题:"天人之辨"(人与自然的关系)、"人性之辨"(关于人的本性善恶的思考)、"义利之辨"(社会道义与经济利益的关系)、"刑礼之辨"(刑法治理与礼制教化的关系)等等,这些问题对于两千多年的传统社会来说,无疑都是不朽的课题,像"天人之辨""人性之辨""义利之辨"等,还具有普遍的人类意义。

其二,"中华元典"的不朽性,还在于它对以上基本问题的解决,给后人的思考提供了一种具有高度抽象性的哲理性回答,从而使人们可以从各种角度受到它的启迪。在人类认识的早期时代,人们还不可能对自然界和社会进行解剖、分析,自然界和人类社会只能被作为一个整体去观察,从而得出混沌的整体性认识。这种认识,一方面有它不精确不完善的特点,而另一方面则使它有可能包含了对自然界和人类社会整体联系性的不少天才猜测。例如《老子》中的"道",《周易》中的运动观、发展观、变易观,《论语》中孔子的仁学思想体系,等等,都是对自然变化之道,人的社会属性的整体性、哲理性把握;而这种把握,则是其后人们借以展开自己思想的重要基础。"中华元典"在后世人们借以发挥自己思想创造的过程中,一再证明着自己的生命力和不朽性。

然而,从历史唯物主义的观点看问题,"中华元典"也不可避免地具有其历史局限性,世界上没有任何一种理论观点、学说体系具有超历史的价值和意义。每一时代的理论思维,"都是一种历史的产物",都有它所适应的、能够发挥其作用的历史环境;一旦历史条件发生了根本性的变更,它的作用就将丧失或者发生相应的改变。"中华元典"作为一种理论思维的历史成果,它的基本内容,它所提出的各种命题的具体内涵,都不能不具有这种历史性质。这个历史性,既是它在其后两千多年传统社会中能够发挥重要作用的原因,也同时决定了它的局限性。解读和阐释文化元典,就是发扬或转换其不朽性,而正视其局限性,以确保在文化传承中保持清醒的头脑,秉持科学的态度。

解读元典文化精神,研究、传承和弘扬优秀传统文化的工作,已经进行了很多年,有了颇为丰硕的成果。然反省其研究状况,还是存在某些缺憾。

一是研究大多还集中在知识精英阶层,而把对元典思想的阐释变成广大社会公众的精神食粮,还有许多工作要做。

二是就社会大众的元典文化阅读来说,所做的工作多是集中在直接的普及方面,侧重对元典文献的注释或翻译,以为社会大众借助白话读本就可以进入元典精神的世界,就完成了元典文化的普及,而这是有认识上的误区的。

三是社会大众直接阅读元典译本,并不能对元典文化的历史作用有深刻的认识,而研究元典文化或者普及元典文化精神,其最终目的是帮助社会大众认识我们的文化国情,使人们知道民族精神的来龙去脉,知道今人的思想、思维、价值观念、心理观念之来源,清醒而理智地看待传统文化,继承和弘扬优秀传统文化。

河南大学出版社策划出版的这套"中华元典引读丛书",目的就在于弥补以上缺憾。这套丛书的特色是:读者一书在手,既可窥见一部元典的思想要旨,又可明了其全方位历史影响,进入元典文化生成与发展的历史世界。这是真正地认识中华元典文化精神的导读丛书,是写给普通读者的书。

既是为社会大众提供适宜的元典导读,就必须在著作的科学性、导向性上下功夫。我们力求用充分辩证的科学理性去阐释元典文化的基本精神,对元典著作积极的或消极的文化影响,都给予尽可能全面的历史评说,使普通读者懂得如何从积极的方面对传统文化进行扬弃和取舍。因此,冷静的历史思辨色彩,成为这套丛书在著述风格上的重要特色。此外,我们还要求作者从以往学术著作引经据典、旁征博引、烦琐考证的传统文风中解脱出来,采用夹叙夹议、以议论为主的散体笔法,无论是对元典内涵的揭示,还是对其历史价值或历史影响的阐述,都尽可能结合具体生动的历史事例来展开,力求做到深入浅出,引人入胜。

现在丛书就要出版了,作者们贡献了自己的辛勤劳动、学识和智慧,但是否真的能够实现丛书的编写初衷,它的效果究竟如何,就交给亲爱的读者去判断了。

李振宏

2023 年 12 月 10 日于开封

目 录

一 太史公司马迁 / 1
    1. 时代与家世 / 1
    2. 壮游与入仕 / 12
    3. 忍辱与著史 / 26

二 《史记》的结构与内容 / 35
    1. 第一部纪传体通史 / 35
    2. 中华文明发展史的真实记录 / 67

三 《史记》与中国史学传统 / 82
    1. 继史学传统 / 82
    2. 明《春秋》大义 / 98
    3. "述往事，思来者" / 103

四 《史记》的历史哲学 / 110
    1. "究天人之际" / 110

2. "不令己失时，立功名于天下" / 122

3. "通古今之变" / 139

五 《史记》提供的历史经验 / 158

1. "稽其成败兴坏之理" / 158

2. "逆取"与"顺守" / 164

3. "物盛而衰，固其变也" / 170

六 《史记》与中国史学 / 175

1. 正史的开山 / 175

2. 开通史家风 / 182

3. 树实录范例 / 186

七 《史记》与中国文学 / 192

1. 传记文学的先驱 / 192

2. 对后世小说与戏剧创作的影响 / 203

3. 关于文学批评 / 208

八 《史记》在中国文化史上的地位 / 216

1. 奠定了古代史家的史学自觉精神 / 216

2. 确立了重视人的历史主体地位的思想 / 231

3. 第一次表达了强烈的民族凝聚意识 / 239

一　太史公司马迁

阅读《史记》这部历史巨著，犹如徜徉于历史长河之中。在这里，我们能聆听司马迁对历史的述说，也能欣赏到他对历史气势恢宏、卓越精深的描绘。

司马迁是伟大的史学家，也是卓越的文学家、思想家。他用热情、心血与智慧，为我们留下了一部传世不朽的文化遗产——《史记》，从而开创了真正意义上的中国史学，谱写了中华民族光辉的历史篇章。

1. 时代与家世

是时代造就了司马迁和他辉煌的史学事业。司马迁生活的时代是我国历史上的强盛时代，这一时代，中华民族取得了蓬勃发展。正是这个时代所具有的特殊的环境与条件，造就了史家司马迁。

司马迁生活的时代是政治大一统的时代。首创中华民族大一统业绩的是秦始皇。秦始皇成功地进行了改革，兼并了六国，从而结束了春秋战国以来诸侯割据的局面，在中国建立起了第一个统一的专制主义中央集权国家。由于秦朝统治者的穷奢极欲及残暴统治，在陈胜、吴广率领的农民起义的风暴中，秦朝二世而亡。刘邦建立汉朝，但当时统一基础并不稳固。刘邦在楚汉战争之后，处心积虑，先后铲除了异姓诸侯王，代之以同姓诸侯王。高祖死后，诸吕专权，而同姓诸侯王也使刘氏王朝的统治受到了极大的威胁。吕后死后，陈平、周勃等西汉老臣为了挽救西汉王朝，合谋诛灭了外戚诸吕。文帝时，同姓诸侯王割据势力迅速扩张，日渐强大，以致自置官吏，自征赋税。吴王刘濞更是不断扩充实力，伺机谋叛。景帝谋臣晁错，看到当时的危险形势，向景帝提出削藩策。然而，各诸侯王坚决反对"削藩"，他们打着"清君侧"的旗号，制造了吴楚七国叛乱。七国叛乱平定之后，西汉中央集权统治得到了有力的巩固。汉武帝继景帝"削藩"之后，接受并颁布了主父偃提出的"推恩令"，进一步分散和削弱了诸侯的势力。另外，汉武帝将地方豪强势力迁徙到京城附近的茂陵（今陕西兴平市东北），以便严加防范。从刘邦开始，至文、景、武帝，先后用了几十年的时间，采取了一系列有效的措施削弱并铲除地方割据势力，终于在汉武帝时建立起了中央集权的封建帝国,实现了西汉王朝的空前统一。

司马迁生活的时代也是经济上空前繁荣的时代。西汉初年,由于秦末以来连年战乱,社会经济极度凋敝,"自天子不能具钧驷,而将相或乘牛车,齐民无藏盖"(《史记·平准书》)。面对极度荒凉残破的社会现实,西汉初期的统治者,从刘邦、惠帝、吕后,到文帝、景帝,都十分注意吸取秦亡教训,实行"轻徭薄赋""与民休息"的政策。刘邦曾宣布减轻徭役,并把田租从原来的"十税一"减为"十五税一",即征取收获量的十五分之一。他还宣布,凡因饥饿卖身为奴婢的人,一律免其奴婢身份而为"庶人"(普通百姓)。到文帝、景帝时,更加强调实行"与民休息"的政策。文帝曾宣布免除十二年的田租,减征口赋、徭役,还宣布禁止残害身体的肉刑。景帝把"三十税一"的田租作为定制。这一系列扶植和保护农业生产的措施,促使汉朝的社会经济迅速得到恢复和发展。到了汉武帝初年,社会经济已达至空前的繁荣。"至今上(武帝)即位数岁,汉兴七十余年之间,国家无事,非遇水旱之灾,民则人给家足,都鄙廪庾皆满,而府库余货财。京师之钱累巨万,贯朽而不可校。太仓之粟陈陈相因,充溢露积于外,至腐败不可食。众庶街巷有马,阡陌之间成群,而乘字牝者傧而不得聚会。"(《史记·平准书》)与此同时,商业也繁荣起来。司马迁在《史记·货殖列传》中写道:"海内为一,开关梁,弛山泽之禁,是以富商大贾周流天下,交易之物莫不通。"

文化的复兴与发展,是司马迁生活时代的又一重要特征。对文化建设的重视,从汉朝初年就开始了。刘邦曾"命萧何次律令,韩信申军法,张苍定章程,叔孙通制礼仪,陆贾造《新语》。又与功臣剖符作誓,丹书铁契,金匮石室,藏之宗庙。虽日不暇给,规摹弘远矣"(《汉书·高帝纪下》);汉惠帝时"除挟书之律",使"天下众书往往颇出"(《汉书·楚元王传》);文帝废诽谤之法,放松了对思想的统治,还派晁错向伏生学习《尚书》;景帝时设《诗》博士、《春秋》博士……汉初统治者对文化建设的重视及其所采取的有利于文化发展的各种措施,为武帝时代文化的繁荣创造了条件,奠定了基础。

文化的发展不仅需要相当长期的准备和积累,更需要一个宽松与开放的思想理论氛围。汉初统治者信奉黄老之学,采取"无为而治",较之秦王朝焚书坑儒的严酷思想统治,无疑给文化思想领域带来了相对自由的空气,同时也为后来文化的发展准备了必要的条件。

黄老之学作为汉初的指导思想,对于革除秦朝重赋暴政,采取轻徭薄赋的"与民休息"的政策,恢复和发展汉初的社会经济,起到了积极效果。至武帝统治的全盛时期,黄老的"无为"思想,已不能适应社会政治经济巨大变化的要求，因此，极力想有所作为的汉武帝，就不得不在指导思想上改弦易辙。在诸子百家中，汉武帝选择了儒家思想作为统治思想，实行"罢黜百家，独尊儒术"的政策。在这以后两千年的封建社会中，儒家思想一直占统治地位。不过应该说明的是，汉武帝时期是以儒学为主，博采百家之长为其所用的。所以，百家之言并未因此而销声匿迹。正是因为思想文化领域还存在着某种程度的自由，因而文化的复兴与繁荣才成为可能。

由此看来，司马迁所生活的时代，是西汉政治空前统一、经济空前繁荣、文化空前发展的时期。司马迁与他的《史记》便诞生于这辉煌的时代。

司马迁，字子长，汉左冯翊夏阳（今陕西韩城南）人。关于司马迁的生年问题，学术界颇多争论，其中有两种说法最有影响：一是主张司马迁生于武帝"建元六年"（公元前135年）；一是主张司马迁生于景帝"中元五年"（公元前145年）。这两说都是从《史记·太史公自序》的《集解》《索隐》《正义》这三家注中推算出来的。本书采取了王国维《太史公行年考》、梁启超《史记解题及读法》、张鹏一《太史公年谱》、郑鹤声《司马迁年谱》、日本泷川资言《史记会注考证》、朱东润《史记考索》等书的说法，即主张司马迁生于汉景帝中元五年（公元前145年）。关于司马迁卒年问题，《汉书·司马迁传》无明文著录。汉魏六朝人注解《史记》《汉书》者，如延笃、应劭、徐广、裴骃、服虔、韦昭等数十家，均未对此作出说明。唐人司马贞、张守节注解《史记》时，只涉及了司马迁的生年，关于史公之卒年，则一字未提。所以，司马迁之卒年，实是难以考证确切。王国维在《太史公行年考》一文中指出："要之，史公卒年虽未可遽知，然视为与武帝相终始，当无大误也。"（《观堂集林》卷第十一）认为司马迁的一生约与武帝在位时间相当。这个说法是可信的。本书采取了司马迁卒于武帝征和三年（公元前90年）的说法。

司马迁生于史官世家，在《史记·太史公自序》中，他将自己的先世远溯到传说中的颛顼时代。据说颛顼时代掌管天地的官名为南正、北正，重、黎为传说中的著名神巫，他们分别担任南正、北正，掌管天文、祭祀之事。从唐虞到夏商，其后代一直承袭这一职务。到周宣王时，重、黎的后代不再司掌天地之职，而是做了叫"司马"的官，因此获得司马姓氏。司马迁对自己祖先的如此遥远而渺茫的历史的追述，其意图是为了强调他的史官家世渊源，即"司马氏世典周史""余先周室之太史也"。

春秋战国之后，由于社会动乱，司马氏史官职务中断，司马氏家族的成员分散到了各诸侯国，司马迁祖上这一支，离周去晋，以后又因晋国内乱而逃到少梁，即今陕西韩城市。

司马迁祖上尚能查考的先人自八世祖司马错始。在

《史记·张仪列传》中，司马迁记述了司马错同秦国著名谋臣张仪在秦惠文王面前就秦伐蜀还是伐韩的问题所进行的一场辩论。张仪从政治上考虑，主张伐韩；司马错则认为伐蜀"譬如使豺狼逐群羊。得其地足以广国，取其财足以富民缮兵"，因此，司马错主张伐蜀。秦惠文王听取了司马错的意见并且取得了胜利，为此，秦惠文王让司马错做了蜀地郡守。司马错的孙子即司马迁的六世祖司马靳为秦国著名军事统帅白起的部下，后因白起触怒了秦昭襄王，司马靳与白起同时被赐死。司马靳的孙子昌，曾经为秦始皇时代的主铁官。司马昌的儿子即司马迁的曾祖司马无泽，做过汉市长（汉初长安有九市，汉市是其一。所谓"市"，即为管理商业区的长官）。司马无泽的儿子是司马喜，他是司马迁的祖父，曾于汉初得五大夫的爵位（二十级军功爵中的第九级）。司马喜的儿子司马谈即司马迁的父亲，是汉武帝时的太史令。

具有悠久传统的世代史官家庭，为司马迁成长为一位伟大的史学家提供了最初的土壤。

司马迁在《史记·太史公自序》中说："迁生龙门，耕牧河山之阳。""龙门"即现在的陕西省韩城市。据《尚书·禹贡》记载："导河积石，至于龙门。"龙门，即在今天山西河津和陕西韩城之间，跨黄河两岸。传说大禹治水，开凿此山以疏导黄河。龙门这个地方峡谷险隘，山势高峻，水流湍急，富于神奇色彩，流传着许多神话传说。传说每年江海的鱼群集于这里，争跳龙门，跳上去就化为龙，跳不上去便点额暴腮。"鲤鱼跳龙门"的传说以及优美神奇的自然环境，培育了司马迁纯洁的心灵和丰富的神思。

如前所说，司马迁少年时在他的故乡曾经有过一段"耕牧河山之阳"的生活。许多人都将此解释为司马迁参加了劳动实践。倘若我们将司马迁的这一表述视为一种文人的浪漫表现手法，理解为他的少年时代曾经过着田园式的生活，而这种生活使他有机会接触了农民，体验了农民的劳动疾苦的话，或许更符合历史的真实。无论是从记忆的角度还是实践的角度，司马迁少年所经历的这段耕牧生活，对他整个人生的发展有重要影响。

司马迁"年十岁则诵古文"。后来移居长安后，便跟随当时的儒学大师、今文学家董仲舒学习《公羊春秋》，跟随当时的经学博士、古文学大师孔安国学习古文《尚书》。良好的文化教育，不仅为司马迁奠定了坚实的学问基础，也对司马迁思想的发展产生了一定的影响。

确切地说，对司马迁的学问与人生具有直接且重大影响的是他的父亲司马谈。司马谈生年不详，死于武帝元封元年（公元前110年）。据《史记·太史公自序》称"太史公仕于建元、元封之间"，前后在职约有三十年的光景。太史令官阶不高，俸禄六百石。因太史令只管天时星历，不管人间的事，所以不被重视。司马谈善于学习且学识渊博。他曾经在唐都那儿学过天官，天官就是一种关于星历的学问。唐都为当时著名的天文学家。司马谈又曾在杨何那儿学过《易》。杨何是汉初传《易》的学者，但对司马谈的思想产生深刻影响的是黄子。司马谈曾在黄子那儿学过道论。黄子即黄生。有一次在汉景帝面前，黄生和儒者辕固生辩论汤武是否受命的问题。由此看来，司马谈是一位通晓天文气象、阴阳吉凶和信奉道学的文人。他虽然官职不高，但他是一位真正有学问的人，他有自己明确的政治见解和深刻的哲学思想。他的一篇不朽的学术论文《论六家要指》，对上古学术进行了总的清算和总的评价。他将战国以来的学术思想归纳为阴阳、儒、墨、名、法、道德六家，他以"天下一致而百虑，同归而殊途"来说明六家的学说都是为了治理天下，只是六家学说所提出的治理天下的方法及其依据有所不同而已。司马谈对各家之长短作了辩证的分析，其中所表现出来的对道家情有独钟的倾向是十分明显的。他全面地褒扬了道家的学说。在他看来，道家学说是治理天下的最好的理论。他说："道家使人精神专一，动合无形，赡足万物。其为术也，因阴阳之大顺，采儒墨之善，撮名法之要，与时迁移，应物变化，立俗施事，无所不宜，指约而易操，事少而功多。"司马谈如此推崇道家学说，并试图以道家思想统摄百家，这既符合当时整合百家以成一家之言的学术趋向，同时也符合西汉统一的中央专制政权需要有一个统一思想的时代要求。从司马谈撰著《论六家要指》的最终目的来看，他肯定道家，是为了融合诸家之长、集六家而成一家。司马谈的《论六家要指》被后人评价为"述六家之事，指陈得失，有若案断，历百世而不能易"（明·何良俊《四友斋从说》卷之五《史一》）的文字。可见，司马谈论六家之短长，充分地显示出他作为史学家的卓识。《论六家要指》中所反映出来的司马谈的思想，在司马迁撰述的《史记》中得到了充分的印证："他书中所记载的'黄老派'，也都与司马谈所论的相符合；直然是司马谈的精神的副本呵！"（李长之《司马迁之人格与风格》）

依据司马迁《史记·太史公自序》所说"太史公仕于建元、元封之间"，这虽不能说明司马谈自始至终都任太史令，但他做了三十年的史官，应该是可以肯定的。司马谈在任太史令期间，曾多次参与筹备皇帝的祭祀典礼。公元前113年，司马谈参与订立祀后土的典礼。第二年，他又参与了筹建泰畤坛，制定祭祀太乙神的仪礼。汉武帝两次都依照他们议定的仪式进行了祭祀活动。正式的封禅必须在泰山进行，司马谈所参与的这些具体的祭祀活动，仅仅只是正式封禅的一个序幕。

汉武帝元封元年的封禅大典是一件让士大夫和老百姓

盼望了三十多年的大事。汉武帝一即位（公元前 140 年），人们就已经议论纷纷了，但由于窦太后的反对，封禅大典迟迟不能举行。在窦太后死后的第二年，汉武帝便开始了封禅的准备工作，至元封元年（公元前 110 年），大规模的正式封禅得以实现。汉武帝亲自率领十八万骑兵，浩浩荡荡地从长安出发。他们越过了长城，到了当时北方的边陲，"至朔方，临北河"，威震匈奴。接着率兵南下，在桥山祭奠了黄帝。于春天时节来到猴山，以后又东巡，于本年的四月，汉武帝从海上到达泰山，进行正式封禅。因为这一年开始封祭泰山，所以这一年就叫元封元年。在这年的五月，大队人马回到了甘泉。参加此次封禅的大队人马，行程共一万八千里。通过这次封禅，国威大振，汉武帝异常高兴。

如此巨大规模的封禅典礼，其隆重是可想而知的。然而，如此隆重的盛典，司马谈却因病"不得与从事"，成为终身的遗憾。此时司马迁正奉命出使巴蜀。当他从巴蜀一路风尘赶到周南（今河南洛阳）时，其父司马谈已处于病危之中。司马谈临死前拉着司马迁的手，流着眼泪，断断续续地倾诉着自己内心的懊丧和对儿子的期望。他为自己不能参加期盼已久的封禅大典而感到无限遗憾，为自己未能记载往事、叙列当世而感到无限惆怅，他殷切地勉励儿子，要他继承遗志，完成自己的未竟之业，写出第二部

《春秋》。司马迁"俯首流涕"地答应了父亲的遗命,并对他的父亲立下了这样的誓言:"小子不敏,请悉论先人所次旧闻,弗敢阙。"(《史记·太史公自序》)司马谈的临终遗言,充满了父亲对儿子的殷切希望与无限深情,他不仅将自己的未竟之业托付于儿子司马迁,更为重要的则在于司马谈以自己撰述历史的伟大宏愿和崇高理想,给司马迁以巨大的精神力量,使司马迁产生了强烈的历史使命感与高度的责任感,坚定了司马迁继承父志、著史立说的决心。

在司马迁成长的道路上,父亲司马谈给予他的教导与熏陶,对司马迁日后成为伟大的历史学家具有决定性的意义:"假如说司马迁伟大,这伟大,至少也要有一半应该分给他父亲。伟大的人物固然伟大,养育伟大的人物的人却更伟大!"(李长之《司马迁之人格与风格》)

2. 壮游与入仕

武帝元朔三年(公元前126年),司马迁已20岁。这一年,他满怀着求知的欲望,暂时停止了经传史籍的诵读,决定到全国各地去游历,实地考察祖国的名山大川,调查、考核古代流传下来的遗闻逸事,了解和搜集各种史料。漫游大江南北,对他写成《史记》产生了深远的影响。

司马迁从京师长安出发,出武关(位于今陕西丹凤县东南),经南阳(今河南南阳),至南郡(今湖北荆州)渡江,到了湖南长沙北面的汨罗江。汨罗江是我国古代伟大的爱国诗人屈原自沉的地方,诗人对楚国的热爱和忠贞,深深地感动着司马迁。司马迁面对滚滚的江水,回忆屈原艰难的一生,"未尝不垂涕,想见其为人"(《史记·屈原贾生列传》)。司马迁在长沙,还到贾谊的遗迹前进行了凭吊。贾谊是西汉杰出的政论家和辞赋家,他平生非常崇拜屈原,当他因受权贵谗害,被文帝放逐到长沙时,曾作赋以吊屈原,十分伤感。贾谊后死于长沙,一生遭遇和屈原相似。后来,司马迁把他们的有关材料搜集在一起,在《史记》中为他们写了一篇"合传",这既是出于对屈原和贾谊的深切同情,也是对当时统治者不辨忠奸的揭露与愤慨。

司马迁根据史籍中舜葬九嶷的记载,逆湘江而上,到达零陵郡营道县(今湖南道县),前往九嶷山考察了舜死后所葬之处。然后,他从湘南辗转到了湘西,顺沅江而下,再东浮大江,"南登庐山",对大禹疏导九江的传说进行了实地考察。接着,他来到了东南的浙江,游览了著名的会稽山(位于今浙江绍兴东南)。"会稽"就是会计的意思,据说夏禹曾在这里大会诸侯,计功封爵,因此得名。夏禹后来就死在会稽,亦被葬在此地。司马迁"上会稽,探禹穴",通过实地考察和访问,他对夏王朝的兴衰、对大禹治水的事迹有了详细的了解和更多的实地感受,这些都为他撰写《五帝本纪》和《夏本纪》作了准备。会稽这个地方还是禹王的后代越王勾践的都城。越王勾践为了报仇复国，曾在此卧薪尝胆。司马迁亲临遗址，访问遗闻，他更加敬佩越王勾践的人格与风范，所以他后来在《越王勾践世家》里称赞勾践"苦身焦思，终灭强吴……可不畏贤哉！盖有禹之遗烈焉"。

司马迁为吴越地区的秀丽风光所吸引，登会稽之后，便上了姑苏山。在山上可以眺望众多湖泊相连的"五湖"，美丽而壮观。他在吴县参观了战国四公子之楚国春申君黄歇的故城和宫室。随后司马迁渡江北上，来到淮阴（今江苏淮阴），这里是秦汉之际的大军事家韩信的故乡。司马迁十分敬佩与同情这位出身贫寒、"始为布衣"的军事家。他访问了当地的百姓，搜集了许多关于韩信的遗闻逸事。他在《淮阴侯列传》里写道："吾如淮阴，淮阴人为余言，韩信虽为布衣时，其志与众异。其母死，贫无以葬，然乃行营高敞地，令其旁可置万家。余视其母冢，良然。"这是说韩信从小便有非凡的志向，他母亲死时，因家贫而没有东西可以埋葬，于是，韩信就将母亲的坟安置在高且宽敞的旷野中，周围可以住万户人家。司马迁到韩信母亲的墓地一看，果然同淮阴人说的那样。结束了对韩信故乡的访问之后，司马迁便渡过淮水，沿泗水向北，来到了鲁国的都城曲阜（今山东曲阜）。曲阜是孔子的故乡，自战国以来就是各地儒生向往的地方。司马迁怀着崇敬的心情参谒了城北泗上的孔子墓。据说孔子死后，其弟子及鲁人有百来户人家居住在他的墓旁，后人把这个地方称为孔里。鲁人还世代相传，每年都在一定的时节来孔墓祭祀，各地儒生更是常常来这里游览和演习礼仪。在孔子生前讲学的地方还建起了孔庙。司马迁很早就读过孔子的书，对于孔子的人格无限景仰，一直"想见其为人"。现在终于来到了鲁城，看到了"仲尼庙堂车服礼器，诸生以时习礼其家"。看到这一切，司马迁思绪万千，以至"余祗回留之不能去云"，留恋徘徊而不忍离去。（《史记·孔子世家》）司马迁在鲁城栉沐儒风，以孔子的思想和风范充实、陶冶自己。司马迁在鲁国停留了较长的时间，搜集了有关孔子的旧闻遗事。为了追寻孔子遗风，以及对儒学有更多的了解，他特意到齐国的都城临淄（今山东淄博临淄区）进行访问。又到邹县，游览了秦始皇曾经刻石颂功德的峄山，还在此地学习了饮酒、射箭的礼节。

此后，司马迁由邹县向南，来到齐国孟尝君（田文）的封邑薛县（今山东滕州市南）。司马迁觉得当地的民情风俗和邹鲁不同，"其俗闾里率多暴桀子弟"（《史记·孟尝君列传》）。他便就这个问题向当地的老人们请教，方才得知其中的原因。原来，战国时期，孟尝君好客养士，大量招揽天下的豪杰侠客，当时有六万多户人家迁居薛城，由此形成了这种特殊的豪强风气。经过实地访问调查，有关孟尝君好客自喜的传说，果然真实不虚。后来司马迁在写《孟尝君列传》时，由于掌握了丰富的材料，孟尝君那种"不耻下交"的风度和战国晚年贵族养士的情况，便得到了真实的反映。

司马迁从薛城往南继续前进，便来到了彭城（今江苏徐州），这是秦楚、楚汉交战时必争之地，也是西楚霸王项羽的都城。彭城西北的沛县（今江苏沛县），是曹参、周勃、樊哙和夏侯婴的故乡；沛郡以西的丰县（今江苏徐州市丰县），是萧何和汉高祖刘邦的家乡；而沛郡的蕲县（今属安徽宿州），又是陈涉、吴广起义的地方。他们都是楚汉之际的风云人物。项羽是秦末农民起义军的领袖，刘邦是西汉王朝的建立者。项羽、刘邦为了争夺最高封建统治权，曾在历史上演出了有名的楚汉战争。曹参、周勃二人是汉初名臣，足智多谋，为安定汉室立下了汗马功劳；樊哙曾经大闹鸿门（今陕西临潼东北）之宴；夏侯婴曾为刘邦驾车，后来封为滕公。司马迁来到这一具有丰富历史遗迹的胜地，搜集到了许多闻所未闻的遗闻逸事，这既增长了他的见识，也为他日后撰述历史巨著准备了丰富的材料。通过实地考察和当地父老的讲述，司马迁对刘邦和汉初统治集团中的一些重要人物有了更深刻且全面的认识："吾适丰、沛，问其遗老，观故萧、曹、樊哙、滕公之家，及其素，异哉所闻！方其鼓刀屠狗卖缯之时，岂自知附骥之尾,垂名汉廷,德流子孙哉?"(《史记·樊郦滕灌列传》)这是说刘邦手下的一些重要人物,虽出身于社会下层,但都在楚汉之争的风云中成了王侯将相。像萧何、曹参原为狱吏,后来官至相国;周勃原是给人治丧时的吹鼓手,后也官至相国;樊哙曾为屠狗,后被封为舞阳侯;灌婴曾经卖缯,后亦被封为颍阴侯;夏侯婴是车夫,封为滕公;周昌本是个小吏,后官为御史大夫;卢绾与刘邦既同里、同日生,又共同求学,互相爱怜。刘邦起义时,卢绾也随从,入汉中为将军,"出入卧内,衣被饮食赏赐,群臣莫敢望……至其亲幸,莫及卢绾"(《史记·韩信卢绾列传》)。后来卢绾被封为燕王。司马迁通过访问、考察所获得的这些既丰富且生动的材料,成为他撰写的《史记》中的精华部分。

司马迁离开丰、沛向西南,经砀县(今河南永城东北)到达睢阳(今河南商丘南)。司马迁从当地父老那里得知,当年屡立战功,曾"受诏将车骑别追项籍至东城,破之。所将卒五人共斩项籍"(《史记·樊郦滕灌列传》)的名将,被封为颍阴侯的灌婴,本是此地的绸缎商人。这些逸闻为他《史记》中人物的描写积累了丰富的素材。

睢阳以西是魏国的都城大梁(今河南开封),司马迁到大梁以后,特地考察了"夷门"(夷门为大梁城的东门,它的遗址还在现在的开封),并仔细寻访了当年信陵君谦恭下士、大会宾客和亲自驾车去夷门迎请侯嬴的旧事。侯嬴为夷门监守,信陵君知道他贤能,于是便用隆重的礼节接待他,把他奉为上宾。魏安釐王二十年(公元前257年),秦国破赵长平军,随即派兵围攻赵国的都城邯郸(今河北邯郸西南)。信陵君的姐姐是赵王弟平原君(赵胜)的夫人,因此赵国多次求救于魏,但因魏王受了秦国的威胁,迟迟不敢发兵救赵。后来,信陵君用了侯嬴之计,请魏王宠姬如姬盗窃了虎符,又得朱亥之助,用铁锤击死晋鄙,夺取了兵权,发兵救赵,迫使秦军退去,才解了邯郸之围。司马迁搜寻了有关信陵君的故事遗闻,虽然他对信陵君十分钦佩,但他还是清楚地看到了个人的作用毕竟是有限的,历史的潮流是难以改变的。所以,他并不同意人们对魏亡原因的分析:"说者皆曰魏以不用信陵君故,国削弱至于亡,余以为不然。天方令秦平海内,其业未成,魏虽得阿衡之佐,曷益乎?"(《史记·魏世家》)司马迁的认识不仅透出了他对个人在历史上作用的理解,也体现出他对历史发展趋势的理解。他对历史的理解是独到的、卓远的。司马迁置身于这座被摧毁了的古城,目睹废墟,眼前立即浮现出当年秦魏决战时秦兵决河灌城,魏国人民负城抵抗三个月,最后亡国的悲壮情景。

司马迁在结束了对大梁的访问和考察后,便回到了汉都长安。司马迁通过长途漫游,了解历史,研究历史,开阔了视野,为他撰著《史记》创造了条件。通过漫游与考察,司马迁比较广泛地接近了下层人民，了解了他们的生活疾苦，体会到了他们的愿望和思想感情。这些对《史记》写作思想的确立无疑有着极其深刻的影响。此次漫游也使司马迁有可能接触流传在民间的生动而丰富的材料，这些都拓展了司马迁的认知，使他获得了关于历史人物活动的丰富材料。司马迁在《史记》中对陈涉、项羽、刘邦、韩信这些历史上风云人物的描绘如此形象、生动，无不得力于漫游中所掌握的有关历史人物的感性材料。顾炎武的一段评论，充分肯定了壮游对于《史记》撰写的意义："秦楚之际，兵所出入之途，曲折变化，唯太史公序之如指掌。以山川郡国不易明，故曰东、曰西、曰南、曰北，一言之下，而形势了然……盖自古史书兵事地形之详，未有过此者。太史公胸中固有一天下大势，非后代书生之所能几也。"（顾炎武《日知录》卷二十六《史记通鉴兵事》）

结束了数年的长途漫游生活之后，司马迁回到了京师，不久便被选到朝廷里做郎中，开始了仕宦生涯。郎中是郎官中最低一级的小官，据《汉书·百官公卿表》记载，郎官分为议郎、中郎、侍郎、郎中四等，议郎、中郎秩比六百石，侍郎秩比四百石，郎中秩比三百石。郎中的职责是"掌守门户，出充车骑"。即皇帝在宫廷时，就看守宫门；皇帝出巡时，就保卫御驾。由于郎官能亲侍皇帝，所以，虽然官阶不高，却十分光彩，富贵子弟无不以此作为入仕的必经之途。司马迁的父亲官位不高,家境也不富裕,他能仕为郎中,成为皇帝的近侍,并非易事。为此,司马迁感到十分荣幸。

司马迁的入仕之年,正值汉武帝文治武功达至鼎盛的时期。武帝巡行频繁,司马迁作为一名侍从皇帝的官员,经常有机会扈从皇帝去各地巡游。

元鼎四年(公元前113年),武帝开始巡幸郡县,司马迁作为郎中,侍从前往。这年冬天的十月,他首次随汉武帝巡行到雍(今陕西宝鸡凤翔区)祭祀五帝。然后去夏阳,到河东(今山西西南部)。同年十一月,来到汾阴(今山西运城万荣县西南庙前村北古城),立后土祠,举行祭礼。后经荥阳回到洛阳。

元鼎五年(公元前112年)十月,武帝又巡幸雍,祠五畤(在今陕西省凤翔县)。然后西行登上崆峒山(位于今甘肃平凉市西)。

元鼎六年(公元前111年),司马迁奉汉武帝之命出使西南。《史记·太史公自序》记载,"奉使西征巴、蜀以南,南略邛、笮、昆明"。司马迁这次出使,是他入仕郎中以来最重要的一次活动。据王国维考证,司马迁奉使西南夷的任务是到那里宣慰、视察。也就是说,他是代表西汉王朝去视察、安抚西南少数民族,处理好西汉王朝和西南夷的关系的,所以,此行意义十分重大。在此之前,汉武帝为了控制西南夷,曾任命唐蒙为中郎将,率兵从巴蜀进入夜郎国,并改夜郎国为犍为郡。以后因为修筑从僰道直通牂柯江(今四川宜宾市西南到贵州北盘江)的大道,汉朝从巴蜀征调了几万民力,给当地百姓造成了过重的负担,引起巴蜀百姓的不满,汉武帝便派司马迁前去安抚。司马迁此行不仅圆满地完成了经略西南的任务,还为他撰述《史记》中的民族史传积累了丰富的材料。

司马迁奉使巴、蜀以南的第二年是武帝元封元年(公元前110年),汉武帝举行了大规模的封禅大典。封禅完毕,武帝率军北巡朔方,向北方劲敌匈奴炫耀自己的功威与武力。此次"帅师巡边",经上郡、西河、五原等地,一直到达今内蒙古自治区包头附近。接着,"出长城,北登单于台(今内蒙古自治区呼和浩特市西)……威震匈奴"(班固《汉书·武帝纪》)。然后,到达陕西中部县,在那里祭祀了黄帝(相传黄帝葬于中部县的桥山)。这次巡行,汉武帝亲自率领十二部将十八万骑兵,旌旗招展十多里,声势十分浩大。汉武帝举行大规模封禅时,司马迁正从西南奉使归来,他还没有来得及向武帝复命,就匆匆赶到洛阳,见到了垂危中的父亲。司马迁在父亲去世后不久便赶到泰山向武帝复命,同时参加了封禅大典。

封禅的第二年,即元封二年(公元前109年),司马迁又侍从武帝参加了负薪塞河工程。早在武帝元光三年(公元前132年),黄河在瓠子(今河南濮阳南)决了口,河水淹没了民居,毁坏了庄稼,河水由东南直注巨野(今山东巨野县),流入淮、泗,瓠子决口使人民的生命财产受到严重威胁。于是汉武帝命汲黯、郑当时征发了民夫、罪徒去堵塞决口,但刚刚堵住,旋即又被水冲垮。当时贵戚武安侯田蚡担任丞相,他对皇上说:"江河之决皆天事,未易以人力为强塞,塞之未必应天。"(《史记·河渠书》)田蚡的食邑地鄃县(今山东夏津县)在黄河之北,黄河决口向南泛滥,北边的鄃县不但不遭受水灾,而且每年丰收。所以,他对汉武帝提出了这样的建议。武帝觉得他说得对,便改变主意,中止了塞河工程。于是,二十多年来,黄河泛滥,洪波吞没了田舍,大地是一片汪洋,农业连年歉收,人民深受其苦。汉武帝封禅之际,河患消息不断传来,汉武帝在元封二年(公元前109年)一面派汲仁、郭昌征发兵卒数万去恢复塞河工程,同时自己也亲临瓠子视察,并"命从臣将军以下皆负薪塞河堤"(《汉书·武帝纪》)。塞河工程的艰巨触动了汉武帝,他特地作了两首悲凉的楚歌,一面感叹河伯(河神)不仁,"泛滥不止",一面默祷"宣房塞兮万福来"。(《瓠子之歌》载于《史记·河渠书》,亦见于《汉书·沟洫志》,文字稍有不同)通过广大人民群众和文武百官的艰苦奋战,瓠子决口终于被堵塞住了。为纪念这次工程,汉武帝在瓠子新堤上兴建了"宣房宫"。

此后黄河近八十年再也没有发生大的水灾。司马迁扈从武帝,参加了塞河工程。几万人在河堤上与自然灾害作斗争的壮观场面,给司马迁留下了深刻的印象,他在《河渠书》的论赞里说道:"甚哉,水之为利害也!余从负薪塞宣房,悲《瓠子》之诗而作《河渠书》。"所以,司马迁作《河渠书》,既是对灾区人民的深切同情,也是针对汉武帝《瓠子之歌》的有感而发。

司马谈去世后的第三年,即公元前108年,司马迁已经38岁。这一年,司马迁担任了他父亲司马谈当年的官职,做了太史令。从此,司马迁开始了史官生涯。

当时,太史令在汉代官爵中的俸禄是六百石,不过是"厕下大夫之列"的一个低级官员,但司马迁对得到这一职位感到十分兴奋和满足。为感激汉武帝的任命,他"绝宾客之知,忘室家之业,日夜思竭其不肖之材力,务一心营职,以求亲媚于主上"(《报任安书》)。司马迁为了竭尽忠心以奉其职,断绝了和宾客的交往,忘却了家室的产业,日夜想着如何尽自己的微薄才力,全身心地做好本职工作,以望求得主上的亲信与宠爱。司马迁决心以满腔的热情,全力以赴地建功立名。

因为做了太史令,所以司马迁有机会接触国家搜求和保存的一切图书档案、历史资料。他认真整理阅读"石室金匮之书",使"天下遗文古事,靡不毕集太史公"。(《史记·

太史公自序》）司马迁利用职务上的方便，翻阅、清理入汉百年以来的有关历史资料，收集、整理卷帙浩瀚的断简残篇，为撰述《史记》开始了积极的准备工作。

司马迁任太史令之后，经常陪同汉武帝祭祀出巡，他在《封禅书》中说："余从巡祭天地诸神名山川而封禅焉。"从元封三年（公元前108年）司马迁任太史令到天汉三年（公元前98年）这十多年间，他每年都要侍从汉武帝祭祀天地山川众神和封禅。

太初元年（公元前104年），司马迁42岁，这时他完成了一件具有重大意义的事情——主持太初改历。

中国古代对历法的改变，是改革旧制度的一个重要项目，是一个朝代政治生活中的大事。汉初所用历法，是秦时通行的《颛顼历》，这是一种古历。战国时阴阳家邹衍提出"五德终始"学说，即以金、木、水、火、土五种物质"相生相克"的原理去附会帝王的起迭和朝代的更替，如少昊以金德王，颛顼以水德王，等。秦朝统治者认为自己是承应水德，所以采用《颛顼历》，以十月朔为岁首。但这种古历，不仅和天象不甚符合，对于新兴的汉王朝而言更有许多不方便。所以在文帝即位之初，鲁人公孙臣和太中大夫贾谊都主张朝廷更改历法，但因丞相张苍的反对未能实现。武帝继位后本想改制，又因好黄老的窦太后反对，改历之事仍迟迟不能进行。到了公元前104年，司马迁和公孙卿、壶遂等上书，建议朝廷新制汉历。此时距西汉开国已有近百年，武帝完成了封禅大典，即表明汉朝已经名正言顺地统治了天下，司马迁等人在这样的背景条件下提出改历，正是为新王朝的诞生制造理论根据，以新的典章制度去巩固新王朝的政权，因此改历的意义是重大的。就在这年五月，武帝"遂诏卿、遂、迁与侍郎尊、大典星射姓等，议造汉历"（《汉书·律历志》）。公孙卿、壶遂、司马迁"立晷仪，下漏刻"，对多种天象进行实测，测定了冬至点，定出了新历的历元。正在这时，射姓等上奏说新历"不能为算"，建议请治历者重新进行测定。汉武帝接受了他的建议，于是请来了邓平、长乐司马可、酒泉候宜君、侍郎尊以及民间治历者二十余人定制新历。天文学家唐都、落下闳也都被请来参加造历。唐都分管天部，落下闳负责运算转历。最后，汉武帝下诏司马迁，决定用邓平历。新历于这年（公元前104年）的十一月被制成后，武帝便下令改元，即改元封七年为太初元年，因此新历亦被称为《太初历》。在司马迁的倡议与主持之下，《太初历》终于诞生了。

汉武帝诏令司马迁等人新制汉历，其用意和他热衷于举行封禅一样，都是为了表示自己是上应天命而继承帝业的，汉王朝的建立既是合法的又是合理的。但与此同时，《太初历》所具有的科学价值也是不应忽视的：第一，《太初历》

因其采用了落下闳和邓平的八十一分法，比起以前的《颛顼历》来，在法数上要精密得多；第二，《太初历》以正月为岁首，既符合天象节气，也适应农业生产上的实际需要。自此以后，除王莽新朝、魏明帝、唐武则天之外，历代都沿用这一历法。《太初历》的制定，在历史上是一大贡献。司马迁所完成的这项事业，不仅实现了孔子"行夏之时"的理想，也实现了他父亲"典天官事"，"复为太史，则续吾祖"的遗愿。

随着封禅和改历的完成，汉朝的制度也随之更新，由此出现了富强安定的社会景象。此时司马迁42岁，他为新纪元的开始感到兴奋。在兴奋之余，司马迁对如何实现父亲的临终遗训作了更深入、细致的思考：他认为在孔子之后应该有人继续在著述上做出一番事业，而现在的环境和条件都已具备，自己身为太史令，学孔子之写《春秋》是义不容辞的天职。于是，他毅然将继《春秋》而述作的艰巨使命承担了起来。在制定了《太初历》的这一年，也就是武帝太初元年（公元前104年），司马迁开始了《史记》的写作。

3. 忍辱与著史

正当司马迁全力以赴地著述《史记》时，武帝天汉二年（公元前99年），发生了"李陵案"，司马迁亦因此案而遭受了极大的不幸。

天汉二年,汉武帝发动了对匈奴的战争。武帝命宠姬李夫人的哥哥李广利率领三万骑兵西出酒泉,到祁连山、天山攻打匈奴右贤王,并调派李陵带领军粮、军械随征。李陵是名将李广的孙子(李广因猿臂善射而著名,匈奴称他为"汉之飞将军"),本来是在酒泉(今甘肃酒泉)、张掖(今甘肃张掖西北)担任屯卫的一名教官,此时要他当贰师将军李广利的押粮官,他很不乐意。李陵以为自己是将门子弟,应当冲锋陷阵,为国立功。另外,他也认为自己带领的士兵都是荆楚勇士,力能扼虎,箭法高超,便不愿意接受押粮官的任命。于是,他再三请战,并向汉武帝表示,希望独自率步兵五千人到兰干山以南去活动,吸引匈奴单于的主力,以保证贰师将军的出击取胜。李陵还表示一定要以少胜多,出奇制胜,直捣匈奴大本营。汉武帝曾与匈奴长期交战过,他对李陵的冒险行为很不放心,于是就派驻守在居延的老将路博德领兵到张掖去接应,不料这位曾做过伏波将军的老将,也不甘屈居于李陵之下,不愿去半道接应李陵。于是,他便向武帝上书说,现在正是秋天,匈奴草盛马肥,敌人兵强马壮,恐怕不宜和匈奴交战,还是让李陵留下,等到明春再一起出击。武帝听后大为愤怒,他以为是李陵胆怯食言,故意让路博德来解说的。所以,汉武帝立即命令路博德率部奔向西河,同时命令李陵从居延(今内蒙古额济纳旗东南)出发,北击匈奴。起先,李陵率军从居延向北进军,一个月后,到达浚稽山,在此扎营,一路顺利。李陵派陈步乐将此消息报告于汉武帝,武帝十分满意,朝中诸大臣也无不举杯祝贺。但不久李陵军就遇上了匈奴的强大队伍,匈奴三万骑兵将李陵军团团围住,汉兵无法突围。经过几场恶战,李陵军终因寡不敌众,加之后无援兵,兵尽粮绝,全军溃败,李陵本人也投降了匈奴。

  李陵投降的消息传到京城,整个朝廷都震惊了。武帝闻之大为震怒,首先责问日前回来报信的陈步乐,陈步乐被逼自杀。武帝又问群臣,群臣都说李陵有罪。司马迁对朝廷中"全躯保妻子之臣"在对李陵败降的原因不作任何分析的情况下"随而媒孽其短"的做法十分痛恨,因此当武帝询问他对李陵事件的看法时,司马迁根据自己平常对李陵的印象,以自己对武帝的"拳拳之忠",坦率地为李陵进行辩护。他认为,李陵"其为人自奇士,事亲孝,与士信,临财廉,取予义,分别有让,恭俭下人,常思奋不顾身以徇国家之急。其素所畜积也,仆以为有国士之风"(《报任安书》)。司马迁如此盛赞李陵的品德、战功,并非是想否认李陵兵败投降匈奴的过错,而是希望汉武帝能看在李陵往日的功劳上,不要深责他。此外,司马迁是在看到汉武帝因为这次兵败而感到"食不甘味,听朝不怡"的情景下才发表这些看法的,这也是为了宽慰皇帝。没想到,汉武帝听后大怒,认为司马迁盛赞李陵是有意攻击贰师将军李广利,是想诬枉他本人。汉武帝给司马迁加上了诬枉主上、攻击贰师将军的罪名。这次征匈奴的主将贰师将军李广利是武帝宠妃李夫人之兄,他在这次对匈奴的作战中无功而败归。所以,汉武帝认为司马迁如此称赞李陵在兵败投降之前作战之英勇,又批评朝廷中的"全躯保妻子之臣"夸大了李陵的过失,是讽刺自己因裙带关系而重用了李广利。汉武帝一怒之下,便把司马迁交给治狱之官加以惩处。按照汉朝当时的法律,纳钱是可以赎罪的,但由于司马迁家境贫穷,无钱抵赎;又因职位低微,得不到贵官显宦为之疏通;加之平日的亲朋好友,也都不肯出面加以营救。这样,司马迁只好"独与法吏为伍,深幽囹圄之中"(《汉书·司马迁传》)。在狱中,审讯司马迁的都是些"酷吏",这些人残忍狠毒。在他们手里,司马迁遭受了残酷的折磨和虐待。

次年,武帝对李陵一事感到反悔,后悔当初若是令李陵先出塞,再令路博德去接应,或许这老将不会生奸诈。于是,他犒赏了逃回来的李陵军,并派遣因杅将军公孙敖将兵深入匈奴迎李陵。公孙敖无功而还,只捉得一个俘虏,从俘虏那里得知:李陵很受匈奴器重,单于还把女儿嫁给他做妻子,他正在为匈奴练兵,以对抗汉军。武帝听后,立即下令把李陵的妻子、儿女和母亲都杀了，并下令对司马迁处以宫刑。宫刑就是腐刑，因为受这种刑罚的人，下体就要腐臭，故有此名。

面临刑期到来之时，对于去死还是去受"腐刑"，司马迁必须做出抉择。他最后为何选择了受这侮辱人性的宫刑呢？

在司马迁的心目中，"腐刑"是一切刑罚之中最作践人的一种刑罚，受"腐刑"简直是一种比死还要可怕的奇耻大辱。他说："祸莫憯于欲利，悲莫痛于伤心，行莫丑于辱先，诟莫大于宫刑。"（《报任安书》）他还说："太上不辱先，其次不辱身，其次不辱理色，其次不辱辞令，其次诎体受辱，其次易服受辱，其次关木索被箠楚受辱，其次剔毛发婴金铁受辱，其次毁肌肤断支体受辱，最下腐刑，极矣。"（《报任安书》）腐刑的耻辱，使司马迁那不甘受辱的心灵蒙受了巨大的苦痛。他曾想自杀。但是，经过激烈的思想斗争之后，他又自我宽慰道：自己不过是一个被世俗的人所鄙薄的太史令，如果就此死去，也就如同九牛失去一根毛，与死个蝼蛄或蚂蚁没有什么两样。世人会认为我是"智穷罪极，不能自免"才走向绝路的，决不会把我同历史上那些"死节"的人相比。人虽不免一死，但"有重于泰山，或轻于鸿毛"，自杀就等于白死，是得不到人们的称许的。司马迁从历史上的权贵显要和英雄豪杰身上寻找支持和鼓舞他的精神力量。他想,西伯(周文王)身为诸侯之长,却被纣王囚禁于羑里;李斯,官至秦相,结果被腰斩于咸阳;淮阴侯韩信,贵至王侯,亦在陈地戴上刑具;彭越、张敖都是坐北朝南称孤道寡的王,却被捕入狱抵罪;绛侯周勃诛灭诸吕外戚,权势超过春秋五伯,却被囚禁在请室里;魏其侯窦婴是大将军,亦穿上赭色囚衣、戴上木枷桎梏;季布当初卖身做了朱家颈套铁圈的奴隶;灌夫最后在居室受到凌辱。这些人都贵为王侯将相,及至获罪落入法网之时,都没有下决心自杀。人生活在尘世之中,古今都一样,哪能不受屈辱呢!明白了这个道理,对权势、荣辱得失,又有什么想不通的呢?司马迁明白,如果仅仅为了顾全士节,即为了避免"诎体受辱"而自杀,是毫无意义的。何况父亲的遗愿还未实现,自己生平著述的理想还未实现呢!按司马迁自己的说法,他之所以隐气忍辱、苟且偷生,困居粪土污秽之中而不忍离去,是怨恨自己的心愿没有实现,"鄙没世而文采不表于后世"(《汉书·司马迁传》),即鄙视过世而文章著作不能留于后人。司马迁也曾想到,甘受"腐刑"而苟活,将被世人认为是不能舍生而取义的人,他也为此疑虑过。当然,"贪生恶死,念亲戚,顾妻子"是人之常情,但是他确信自己不是因为这个缘故。他征引历史上为人们所称道的卓绝异常之人,从他们身上去获取信心和力量。如文王被拘禁在羑里而推演《周易》;仲尼被围困在陈、蔡,回鲁国后便作了《春秋》;屈原屡遭放逐,遂有《离骚》传世;左丘明双目失明,竟著成《国语》;孙膑被截去膝盖骨,仍著成一部兵法;吕不韦被贬谪到蜀地,方有《吕览》问世;韩非被囚禁在秦国,则完成了《说难》《孤愤》的著述;古代圣贤之咏《诗》三百篇等,无一不为圣贤发愤而作。这些成就了大事业的人物,都曾经历过各种磨难,但他们都能"受辱而不羞",发愤著书,鸣其不平于天下。这些"弃小义,雪大耻,名垂于后世"的历史人物,给了他活下去的勇气,他决心效法他们:"论书策以舒其愤,思垂空文以自见。"(《汉书·司马迁传》)经过激烈的思想斗争之后,在与悲剧命运的抗争中,为了继承父亲的遗志,为了完成《史记》的著述,司马迁终于选择了生,甘受宫刑而毫无怨怒之色。

天汉三年(公元前98年),司马迁48岁,被下了"蚕室"。"蚕室"是执行腐刑的一种特别监狱。因为受这种刑罚的人怕风,所以,房子必须生火保暖,就像蚕室一样,故谓"蚕室"。遭受腐刑,对司马迁精神上的刺激太大:整日苦闷,回肠九转。他居家便恍恍惚惚,若有所失;外出则茫然不知所往。每当想到腐刑的耻辱,未尝不肩背发汗浸湿衣裳。司马迁那颗破碎的心是如此悲愤、沉重。然而,为了完成《史记》的著述,他忍辱苟活着。从这种意义上说,他是以自己的血和泪在撰写着巨著——《史记》。

司马迁于太始元年（公元前96年）出狱,时年50岁。就在这一年，他做了中书令。中书令这一官职，其职务是将皇帝的诏令下达至尚书，并将尚书的奏疏呈给皇帝，是一个掌管机要的显职，为此，不少人视之为"尊宠任职"，连他的好朋友任安也这样认为。为了向朋友倾诉自己的难言之苦，他给任安写了一封长信，信中详尽地诉说了自己的遭遇和心情。这篇著名的书信，就是和《太史公自序》具有同等重要价值的《报任安书》。在这篇自传式的长信中，司马迁告诉他的朋友任安："近自托于无能之辞，网罗天下放失旧闻，考略其行事……凡百三十篇。亦欲以究天人之际，通古今之变，成一家之言。"由此可见，此时《史记》已基本完成。根据王国维的考证，《史记》基本完成于征和三年（公元前90年）。《史记·太史公自序》很可能也是这一年作的。司马迁在《自序》中说："凡百三十篇，五十二万六千五百字，为《太史公书》。序略，以拾遗补艺，成一家之言，厥协《六经》异传，整齐百家杂语，藏之名山，副在京师，俟后世圣人君子。"《自序》中的这段话，不仅将《史记》的篇幅、字数、书名讲得很具体，还道明其意图在于"藏之名山"。为防失落，本书副本留在京师，希望得到传人。在《自序》中，司马迁将此书所记述的史事的起止时代也交代得很清楚，"余述历黄帝以来至太初而讫"。如此叙述，足以表明《史记》这部著作已大功告成。司马迁于太初元年（公元前104年）开始写《史记》，到这一年把《史记》完成，共用了十四年的时间，倘若将他漫游、搜集和细读史料的准备阶段包括在内，则前后不下二十年时间。司马迁撰成《史记》这部不朽的历史巨著，他为之奋斗的光辉事业终于完成了。

司马迁的著述，除了《史记》《报任安书》《与挚峻书》外，相传还有《万岁历》一卷（一说此书系司马谈所著）《素王妙论》一卷、《文集》二卷和辞赋八篇，今大都已散佚。

关于司马迁最后几年的事迹以及他到底活到多大年纪、什么时候死的、怎么死的，今天已很难得知。历代学者都根据有关材料进行过推测，说法不一。清代学者王鸣盛认为司马迁卒于武帝之末，或更至昭帝时；王国维的考证结果是"与武帝相终始"。近年，施丁则提出司马迁卒于太始元年（公元前96年）的看法；吉春在《司马迁年谱新编》中所持观点，是司马迁卒于征和二年（公元前91年）。司马迁这位伟大的史学家其真实、确切的卒年因缺乏历史资料而难以断定。

二 《史记》的结构与内容

《史记》是我国史学史上的一座丰碑。全书130篇，52万多字。《史记》所载，上起传说中的黄帝，历记夏、商、周、春秋、战国、秦汉之际，下迄汉武帝年间，约三千年史事。《史记》是中国史学上的第一部纪传体通史，开创了我国历史上纪传体史书体例。《史记》以其宏大的规模涵盖了中华民族三千多年社会历史的各个方面，第一次把社会的政治、军事、经济、民族、文化、法律、宗教、道德、文学、艺术、科学等方面都包容在历史学的研究范围之内。《史记》对纪传体史书的发展乃至整个史学的发展，都具有深刻而久远的影响。

1. 第一部纪传体通史

伟大、博学的司马迁在史学上的卓越贡献之一，就是在继承前人著述体例的基础上，完成了我国第一部纪传体通史的撰述，创造了以人物为主体的历史编纂学方法。中国史学从此进入了一个新的历史时期。

（1）纪传体史书的创立

中华民族同世界上那些具有悠久的文明传统的民族一样，在其文明发展的过程中都走过了这样一个大致相同的历程：自先民创造了文字之后，乃有史学的兴起。"惟殷先人，有册有典。"（《尚书·多士》）这是文献记载中所反映出来的中国史学上最早的历史典册。甲骨文、金文及《诗经》《尚书》《逸周书》等，它们虽然比最早的历史典册前进了一步，但尚属史学萌芽时期的作品。西周末年至春秋时期，中国史学上出现了最早的国史。所谓国史，即是对周王朝和它所分封的各诸侯国的历史的正式撰述。这种国史按年代顺序记事，是中国史学上编年体史书形成的最早阶段。从后人所撰写的记载春秋时期历史的作品《春秋》《左传》来看，春秋时期各国国史在写法上已形成了以事系日、以日系月、以月系时（春、夏、秋、冬）、以时系年的规范。春秋战国时期的历史大变动，使史学有可能突破王侯贵族的藩篱而同私人讲学和撰述结合起来。于是，中国史学上出现了最早的一批私人撰写的历史著作，其中主要的有《春秋》《左传》《国语》《竹书纪年》《世本》《战国策》等。孔子所修编年体史书《春秋》，是中国史学上第一部私人撰写的历史著作。《左传》也是一部编年体史书。在编年记事的总的格局中，有集中记一件史事本末原委的，或集中写一个人物活动经历的。《左传》在编撰上将编年体这一编撰体例发展到了比较完善的境地。《国语》跟《春秋》《左传》一样，同是记载春秋时期史事的一部史书，但《国语》在编撰体例上却不是编年记事，而主要是分国记言。

战国时期，历史学表现出了新的特点：一是开始注意到对历史作贯通的考察，二是对于当代历史巨变表示出关注。前者如《竹书纪年》和《世本》，后者如《战国策》。《竹书纪年》是战国后期魏国人所撰写的一部编年体史书，是现存所知中国史学上最早的具有通史性质的著作。《世本》也是通史性质的著作，是纪传体史书的雏形。《战国策》是以记言为主的著作，同《竹书纪年》《世本》所表现出来的追寻历史踪迹的兴趣相异，而是对现实社会的巨大变化表现出了更多的关注。

先秦史学在史书撰写方法上所取得的诸多成果，为司马迁撰写中国史学上的第一部纪传体通史，提供了前提，创造了条件。也可以说，司马迁开创的纪传体通史的编撰体例，是对先秦史学撰述体例的继承与发展。

《史记》由本纪、表、书、世家、列传五部分构成。

这五体结构是司马迁的伟大创造，自班固以下，历代依仿，成为中国传统史学的主干，称为纪传体。用纪传体撰写的历代史书被封建王朝定为国史。人们称《史记》是纪传体史书，是强调了本纪和列传的重要性。其实，作为全书的组成部分，表、书、世家都有纪、传所不能代替的独立的价值。因此，准确地说，《史记》是一种综合体史书。

后世学人在对《史记》五体进行溯源之时，往往拘泥于某体源于某书的辩难，故多穿凿附会之见，且又经常顾其名而失其实，因此得出了五体古已有之，司马迁只不过是在《史记》中将五体汇总为一体而已的结论。这种观点显然是忽略了司马迁创立纪传体史书的伟大意义。

对于五体争论较大的是本纪、世家。有的论者认为，《史记·大宛列传》中曾提到《禹本纪》，从而说明"本纪"一体早已有之，因而否定司马迁的创造。其实司马迁将《禹本纪》与《山海经》相提并论，认为这些书都是言志怪之书，仅有本纪之名而已。况且，仅此并不足以证明《禹本纪》就是载述帝王事迹的本纪，因而也就不能确定本纪是古已有之的体裁。清代学者赵翼在《廿二史札记》中说："《史记·卫世家赞》：'余读《世家》言'云云，是古来本有世家一体，迁用之以记王侯诸国。"赵翼十分坚定地认为，《史记》中的世家不同于前人的世家，毫无疑问是司马迁的创造。所以，"世家"之体即使古已有之，也并非是史书的体例。

肯定司马迁以五体结构撰写《史记》，并不是要否认他对于前代史书编撰形式的继承与借鉴。唐代史学评论家刘知几对此所作出的评论是很有见地的。刘知几说："夫纪传之兴，肇于《史》《汉》，盖纪者，编年也；传者，列事也。编年者，历帝王之岁月，犹《春秋》之经；列事者，录人臣之行状，犹《春秋》之传。《春秋》则传以解经，《史》《汉》则传以释纪。寻兹例草创，始自子长。"（刘知几《史通·列传》）刘知几的评论既肯定了《史记》体例为司马迁所创造，又阐明了《史记》是司马迁继《春秋》而作的。在《史记》中，司马迁曾说，"余读《谍记》"（《史记·三代世表》），"太史公读《春秋历谱谍》"（《史记·十二诸侯年表》），这说明《谍记》《春秋历谱谍》都是司马迁创造年表时的蓝本。《吕氏春秋》一书分为十二纪、八览、六论等部分，用以统一百家思想、包容丰富的内容，这一形式给予司马迁的启示是明显的。由此看来，司马迁在创作《史记》时不宗一书，不祖一体，而是参酌各种典籍体例的长短，匠心独具地汇入于一编之中，这是司马迁对史学体例的一种再创造。

在继承的基础上进行创新，关于这一点，司马迁在《史记·太史公自序》中说得很明白。他说他任太史令后，"绅史记石室金匮之书"，博览群籍；"（汉兴）百年之间，天下遗文古事靡不毕集太史公。太史公仍父子相续纂其职"。

在此基础上撰成的《太史公书》,具有"厥协《六经》异传,整齐百家杂语"的特点。"厥协""整齐",是在对文献进行全面考察的基础上所作的综合运用。《史记》五体或五体中的任何一体,从内容到名称,都是在先秦、汉初文献成果基础上的再创造。司马迁自谓《史记》"成一家之言",这是很重要的一个方面。司马迁在历史编纂上的再创造体现在两个方面:一是对他所借鉴、采用的每一种编纂形式都有新的发展,使其特点更鲜明、作用更突出,从而具有独立存在的价值并产生深远的影响;二是以五体互相配合,综为一书,以揭示历史演进过程中的丰富性、复杂性和生动性,从而在时间上、空间上和人事活动上极大地开阔了人们认识历史的视野。唯其如此,司马迁的《史记》所开创的纪传体通史的恢宏气势才是前无古人的。

(2)十二本纪

本纪,《史记集解·五帝本纪》引裴松之《史目》解释说:"天子称本纪,诸侯曰世家。"张守节说:"本者,系其本系,故曰本;纪者,理也,统理众事,系之年月,名之曰纪。"(《史记正义·五帝本纪》)刘知几在《史通》里对本纪之体作了这样的解释:"盖纪者,纲纪庶品,网罗万物,考篇目之大者,其莫过于此乎!"又说:"盖纪之为体,犹《春秋》之经,系日月以成岁时,书君上以显国统。"(《史通·本纪》)可以这样认为,刘知几对本纪的解释,包含这样一些内容:其一,本纪为法则、纲要之意,它"纲纪庶品",故为最尊贵的名称;其二,本纪为记载天子国君之言、事所专用;其三,本纪"网罗万物",国家大事无所不载;其四,本纪编年,即用编年的形式,排比一代大事;其五,本纪效《春秋》十二公,故为十二篇。关于本纪的解释,恐怕还是太史公本人说得最明白。他说本纪是:"网罗天下放失旧闻,王迹所兴,原始察终,见盛观衰,论考之行事,略推三代,录秦汉,上记轩辕,下至于兹,著十二本纪。"(《史记·太史公自序》)太史公的这段解释说明本纪是全书表述历史进程的总纲。本纪以编年的形式,记载从黄帝至武帝各代帝王的兴废和政治大事,其目的在于"原始察终,见盛观衰",阐述兴亡大势。

或许司马迁在创立纪传体这一体例的时候,已十分明确地确立了《史记》的撰述形式与内容间的关系,即形式服从于内容。所以,司马迁在撰述《史记》的过程中,并不拘泥于形式,而是牢牢地把握其撰述目的,坚持以"通古今之变"的思想方法作为表述历史发展进程的指导。他并不是专以天子为本纪,秦自柏翳至于庄襄王一段"王迹所兴"的历史、秦楚之际一度"号令天下"的项羽,都记入本纪。著名史学评论家刘知几、章学诚则认为本纪是记天子的,而秦庄襄王、项羽等都未曾称过天子,当然不该入本纪。刘知几责备司马迁为项羽立本纪是"求名责实,再三乖缪"(《史通·本纪》)。章学诚也认为此种处理方式不妥:"义帝不著本纪而项羽作纪,秦自庄襄以上列在诸侯而作《秦纪》,后妃不称后妃而标《外戚》,此皆灼然名实不正。"(《文史通义》外篇二《驳张符骧论文》)两位史学评论家对司马迁的做法不理解,关键在于他们没有或者说缺乏司马迁注重对历史过程进行考察的卓识。司马迁为项羽作本纪,是因为项羽推翻了秦的统治,号令诸侯,"政由羽出,号为'霸王'",俨然已成为掌握一代政权的统治者,因此把他列入本纪,也是出于对这一历史过程的考察。《史记》立《吕太后本纪》而不立《惠帝本纪》,是因为吕后临朝称制,掌握实权,而孝惠帝自即位始不能听政,只有吕后纲纪天下,"号令一出太后"。由此更能看出司马迁是要对"王迹所兴"进行"原始察终,见盛观衰"的历史考察。以刘知几关于本纪之义来衡量《史记》,《史记》显然有破例之嫌,而司马迁对历史的深刻理解和整体认识以及表述这种理解和认识的杰出才能也就因此而体现出来。

《史记》中的本纪十二篇,有五帝、夏、殷、周、秦、秦始皇、项羽、高祖、吕太后、文、景、孝武。根据时间顺序和义例,十二篇本纪可分为三类。

第一类是《五帝本纪》《夏本纪》《殷本纪》《周本纪》,这四篇本纪主要阐明了德治思想。《五帝本纪》以突出的地位记载了中国历史的开端,同时重点记述了尧、舜的禅让,表彰了古圣先贤的高尚品德。如司马迁在篇末指出:"自黄帝至舜、禹,皆同姓而异其国号,以章明德。"这就是说,从黄帝到舜、禹,都同出一姓,但国号不同,是为了显示各自光明的德行。在其他三篇中,他也一再强调修德的重要。在《夏本纪》中,司马迁记述了大禹治水的丰功伟绩,歌颂他聪明机智、吃苦耐劳、仁爱高洁的优秀品德;他谴责夏桀不讲求德行,而汤则因其修德,所以"诸侯皆归汤,汤遂率兵以伐夏桀……汤乃践天子位,代夏朝天下"(《史记·夏本纪》)。在《殷本纪》里,司马迁详细记述了殷纣王的荒淫无道,殷纣王因不修德,故被周灭。在这四篇本纪中,"明德"作为一个基本思想贯穿于司马迁对五帝三王政治活动的评论之中。

第二类是《秦本纪》《秦始皇本纪》《项羽本纪》,这三篇本纪主要揭示了秦统一天下的历史过程。《秦本纪》系统追溯了秦的历史,特别是自穆公以来到秦始皇统一天下的历史。《秦始皇本纪》不仅详细地记述了秦始皇统一天下的具体过程及其所取得的巨大成功,还记述了秦朝灭亡的具体过程。秦经过一百多年的努力,凭借武力,征伐、统一了天下,最后,因以暴虐治理天下,而加速了秦的灭亡。《项羽本纪》记述了项羽从斩殷通起义,到巨鹿大战、推翻秦朝,再到楚汉战争、被困垓下的全部过程。司马迁颂扬了项羽叱咤风云的一生，也揭示了他失败的主要原因。司马迁批评他说："自矜功伐，奋其私智而不师古，谓霸王之业，欲以力征经营天下，五年卒亡其国，身死东城，尚不觉寤而不自责，过矣。乃引'天亡我，非用兵之罪也'，岂不谬哉！"（《史记·项羽本纪》）项羽"欲以力征经营天下"，所以注定了他最后必然失败。在这三篇本纪中，司马迁对"以力"得天下者，作出"得之难""失之易"的结论。

第三类是《高祖本纪》《吕太后本纪》《孝文本纪》《孝景本纪》和《孝武本纪》。《高祖本纪》是记载刘邦在秦楚之际得天下的重要篇章。在楚汉战争中，刘邦知人善任，成功地联合了各种反楚力量，终于取得了胜利。汉代初年，刘邦采取了一系列措施，削平反叛以安天下。司马迁以民心的向背，说明刘邦之得天下就是因为得到人民的支持，得民心者得天下。《吕太后本纪》写吕后称制的政绩。司马迁说吕后"政不出房户，天下晏然。刑罚罕用，罪人是希。民务稼穑，衣食滋殖"。在《孝文本纪》中，司马迁赞扬文帝即位23年"专务以德化民，是以海内殷富，兴于礼义"，最后还评论说："汉兴，至孝文四十有余载，德至盛也。"司马迁如此充分肯定汉的德治，其意在于强调德治。唐人司马贞在《史记索隐》中说："纪者，记也。本其事而记之，故曰本纪。"《史记》中的本纪，都写王朝之事和帝王其人。

司马迁运用这一体裁,通过对突出的王朝之事和人物行事的记载,反映出古今之变,揭示出真实的历史发展进程。

（3）十表

表的含义是什么？"应劭云：'表者,录其事而见之。'……郑玄云'表,明也'。谓事微而不著,须表明也。故言表也。"(《史记索隐·三代世表》)可见,表的含义就是按年月次序,提纲挈领地列举历史大事,使人一目了然。司马迁在《太史公自序》里说："并时异世,年差不明,作十表。"司马迁在自己的史学实践中,深感某些历史因年月不明,给后世撰述历史带来诸多不便。在《三代世表》序里,他这样写道："孔子因史文次《春秋》,纪元年,正时日月,盖其详哉。至于序《尚书》则略,无年月；或颇有,然多阙,不可录。"这说明,司马迁已经深切地感受到年月在历史记录中的重大作用和意义。

由此看来,司马迁作十表的目的是十分明确的,即以十表将"年差不明"的史事搞清楚,把同时代不同诸侯国家的世系、年代弄明白。年代、世代是史学研究中一个很重要的内容。年代、世代不确切,历史事实就无法确定。而要获得确切的年代、世代以及两者间的关系,则并非易事。《殷本纪》对殷的世代的叙述,《周本纪》对周的年代、世代的叙述,《秦本纪》对秦的年代、世代的叙述,都是清楚的。但周朝武王以上的年代、世代与殷的世代关系如何？《秦本纪》所记秦的世代、年代与周的世代、年代关系如何？这些问题是本纪所无法解决的。又如，世家述诸侯国的历史，多以诸侯的年代纪年，那么各世家纪年间的关系以及各世家纪年与天子纪年间的关系又该如何把握呢？年代的正确与否直接关系到史事的真实性，面对纵横交错的各诸侯国的史事、各不相同的诸侯国纪年，只有将年代在比较对照中相对统一起来，才能把本纪、世家记载的内容综合在一起，以简明的形式来表现一个时代的总貌和天下大势。司马迁以表的形式解决了这个难题。他在《三代世表》禹为帝的栏目里，记述了殷的祖先相土，周的祖先公刘，说明相土、公刘两人又与禹处在同一时代。在《秦楚之际月表》里，司马迁将秦楚之际的大事，按月叙述，脉络清晰。司马迁还特意在表前对这一时期的历史作了简要的概括："初作难，发于陈涉；虐戾灭秦，自项氏；拨乱诛暴，平定海内，卒践帝祚，成于汉家。"简短的语言，将当时天下大事作了明晰且准确的概括。宋代学者吕祖谦在《大事记解题》卷一中提出："《史记》十表，意义宏深，始学者多不能达。今附见于此：《三代世表》以世系为主，所以观百世之本支也。《十二诸侯年表》以下以地为主，故年经而国纬，所以观天下之大势也。《高祖功臣侯者年表》以下以时为主，故国经而年纬，所以观一时之得失也。《汉兴以来将相名臣年表》以大事为主,所以观君臣之职分也。"吕祖谦的评论,突出强调了年表能观天下之大势、观一时之得失的意义,看来他对司马迁作十表的宗旨作了深入的体察,有着深刻的理解。

表的功用为众多史学家所称道。唐代史家刘知几说:"观太史公之创表也,于帝王则叙其子孙,于公侯则纪其年月,列行萦纡以相属,编字戢香而相排。虽燕、越万里,而于径寸之内犬牙可接;虽昭穆九代,而于方尺之中雁行有叙,使读者阅文便睹,举目可详,此其所以为快也。"(刘知几《史通·杂说上》)南宋杰出的史学家郑樵在《通志·总序》中说:"《史记》一书,功在十表,犹衣裳之有冠冕,木水之有本原。"清代史学家赵翼对表的作用作了更为充分的肯定:"《史记》作十表,昉于周之谱牒,与纪、传相为出入。凡列侯、将相、三公、九卿,功名表著者,既为立传,此外大臣无功无过者,传之不胜传,而又不容尽没,则于表载之。作史体裁,莫大于是。"(赵翼《廿二史札记》卷一)近代史学家梁启超不仅肯定了司马迁创立十表的做法,且就这一体裁对后世史学所产生的影响进行了总结。他说:"自《史记》创立十表,开著作家无量法门。郑樵《图谱略》益推阐其价值。《史记》惟表年代世次而已,后人乃渐以应用于各方面。"(梁启超《中国历史研究法》)

表作为一种体例,源自春秋时的谱牒旧闻。司马迁在

《三代世表》序里指明，先秦已有《五帝系谍》和《尚书》；另外，他在《十二诸侯年表》序里也提到，先秦还有《春秋历谱谍》等书。可见，在古代以表的形式记事已是一种常用的体例，只是在当时称这一形式为"谱"而已。对于这点，其他史家也是这样认为的，如前引赵翼所云，"《史记》作十表，昉于周之谱牒"。沈涛也说："表犹言谱。表、谱一声之转耳……可见表与谱同。"（《史记会注考证》）显然，表源于谱。司马迁在《史记》里继承了这种体例，并加以创造性的运用。十表记事，"旁行斜上，并效周谱"（刘知几《史通·表历》引后汉桓谭语），眉目清楚。其中，前四表记事颇详，后六表记事较略。它们都能自成体系，而且还能和《史记》其他四体的内容相互补充，相互阐发。

尽管众多史学家都肯定了表的功用，认为"作史体裁，莫大于是"，然而《史记》以后的很多正史，如《后汉书》《三国志》《晋书》《宋书》《齐书》《梁书》《陈书》《魏书》《北齐书》《周书》《南史》《北史》《隋书》《旧唐书》《旧五代史》等均未立表。当表的真正价值还没有被世人所揭示与认同时，这种状况的存在是可以理解的。即便是对表的功用盛赞不已的刘知几，也还有他的保留之处，他认为史表既不便阅读，又与纪、传重复，只应单独成书，而不宜杂侧纪、传中。因而刘知几在盛赞表之功用的同时，又提出了纪传体中的废表之论（《史通·表历》）。这说明，司马迁创立史表的理论主张及其具体实践，并非从一开始就为史家们所认可。史表作为一种新的体例，需要在实践中不断完善，也需要在实践中为史家们所认可。事实也正是如此。虽然司马迁以后的很多正史没有立表，但《宋史》以下诸正史均设表，且《后汉书》等所缺诸表，后世史家纷纷溯而补之。宋人熊方首作《补后汉书年表》十卷，此后，清人诸以敦又作《熊氏后汉书年表校补》五卷、《补遗》一卷。清人钱大昭则认为熊氏补作的《补后汉书年表》"取材既隘，体例亦疏"，所以重新作《后汉书补表》八卷。（《二十五史补编》）此外，清人万斯同、黄大华、华湛恩、练恕、沈维贤等也补作了《后汉书》各表。自《后汉书》之表被补以后，各史所缺之表均被补齐。已有表之各史，也为史家一再补作。如万斯同撰《宋大臣年表》、钱大昕撰《补元史氏族表》等等。现《二十五史补编》所收东汉至明的补表凡137种，蔚为大观。后世史家不仅补前史所缺之表，更有很多人专以史表为史学研究的体裁，通过对某一类历史人物、某一类历史事件的列表研究，展现出有关的历史发展过程。如宋人李焘撰《历代宰相年表》34卷，起西汉迄后周，将千余年间为相者及其事迹一一"表见"。清人齐召南撰、阮福续补的《历代帝王年表》，始三皇五帝，迄明。清人胡子清撰有《历代政要表》，王之枢撰有《历代纪事年表》，等等。表这一体例，从创立到广泛应用,正如梁启超在《中国历史研究法》中指出的,"《史记》惟表年代、世次而已,后人乃渐以应用于各方面。如顾栋高之《春秋大事表》,将全部《左传》事迹重新组织一过,而悉以表体行之,其便于学者滋多矣。即如五胡十六国之事,试一读齐召南之《历代帝王年表》,已觉眉目略清"。又说:"吾生平读书最喜造表,顷著述中之《中国佛教史》已造之表已二十余。我造表所用之劳费,恒倍蓰什伯于著书。窃谓凡遇复杂之史迹,以表驭之,什九皆可就范也。"梁启超不仅肯定了司马迁所创立之表体为史家治史开辟了一条广阔的道路,还以自身的史学实践具体展现了表这一体例在史学中的功用与价值。

司马迁作十表,不仅从方法论意义上为史家开辟了一条广阔的道路,由十表所反映出来的历史发展线索和阶段性,更从史学思想方面启迪了后世史家。

《史记》十表明确地把历史分为古代、近代、今世三个阶段与五个时期。其具体内容如下:

《三代世表》,从黄帝到共和,表现积德累善得天下的古朴时代。

《十二诸侯年表》,从共和到孔子,表现王权衰落的霸权时代。

《六国年表》,从周元王元年到秦朝灭亡,即公元前475年到公元前207年,表现诸侯力征兼并天下的时代。

《秦楚之际月表》，从公元前209年陈涉起义到公元前202年刘邦称帝，详著月表以表现天下三嬗的剧烈变革时代。

汉兴以来的史事，司马迁作《汉兴以来诸侯王年表》《高祖功臣侯者年表》《惠景间侯者年表》《建元以来侯者年表》《建元已来王子侯者年表》《汉兴以来将相名臣年表》等，将汉兴百年来的历史大事分类条析，展现了汉兴以来加强中央集权的大一统时代。

司马迁第一次用叙述历史的方法来研究历史的发展过程，对历史作出了明确的断限与划分。司马迁作为我国古代第一位具体划分历史发展阶段的历史学家，他对历史发展过程所进行的阶段性划分，充分展现了他对于历史发展过程以及如何反映历史发展过程的卓识。

（4）八书

一般学者都认为，书是司马迁创立的。赵翼说："八书乃史迁所创。"（《廿二史札记》卷一）司马迁为什么创立八书？其内涵如何解释？司马迁在《太史公自序》中说："礼乐损益，律历改易，兵权山川鬼神，天人之际，承敝通变，作八书。"司观贞解释说："书者，五经六籍总名也。此之八书，记国家大体。"（《史记索隐·礼书》）赵翼在肯定书为司马迁所创立的同时，也指出了司马迁作八书乃"以纪朝章国典"(《廿二史札记》卷一)。这就是说司马迁设书体是为了记载国家重大制度,而礼、乐、律、历、兵权、山川、鬼神、天人之际等均为国家典制的重要内容。

司马迁运用书体,记载了各种典章制度的历史变化。实际上,八书就是司马迁对古代社会经济、文化等各个方面的专门论述。像《平准书》,就相当详尽地记载了西汉币制的演进情况和人民的经济生活;《历书》保存了古代天文和历算学方面的重要资料;《河渠书》则记载了我们祖先在几千年前就懂得兴修水利,和自然灾害作斗争的事迹;还有其他各书,对于先秦以至汉代的典章制度、经济概况、文物制度、风俗习尚等,无不详加阐述。总之,八书揭示了古代社会的文化风貌,初步具有了文化史的规模和性质。司马迁洞察社会现实的深刻思想,渗透在他对社会经济、文化各方面的论述与记载之中。他在《礼书》中记述了礼仪的变化过程,指出礼仪乃缘人情、人性而作,礼仪的作用可以经纬万端。在《乐书》中,他说:"上古明王举乐者,非以娱心自乐,快意恣欲,将欲为治也。"在《天官书》中,他阐述了自己对"天"与"人"的看法。在《平准书》中,司马迁以"物盛而衰"的朴素辩证法思想,批评汉武帝的"与民争利"。《封禅书》则表现出他对汉武帝敬鬼神之祀而劳民伤财的愚蠢之举的不满情绪。八书作为《史记》的一个重要组成部分,其内容对于人们了解古代典章制度的沿革、变迁以及司马迁的思想尤为重要。

关于书体的来源,洪饴孙指出:"按《世本》有《作篇》,记占验、饮食、礼乐、兵农、车服、图书、器用、艺术之原,即太史公八书所本……"(《史目表》卷一)这即是说太史公"八书"从内容到形式都借鉴了《世本》,此说不无道理。但是,《世本·作篇》只是概述了一些政事,且其对政事的概述既无分类又缺乏系统性。《尚书·洪范》则对古代八大政事作了详细分类,显然,《史记》从内容到形式都从《尚书》这本以国家大政为主要内容的史书中获得了启示。另外,书体的名称显然也借鉴了《尚书》这一书名。对此,诸多史家都有着相同的看法。梁启超说:"其八书详纪政制,蜕形于《尚书》。"(《中国历史研究法》)范文澜也认为:"《史记》八书,实取则《尚书》,故名曰'书'。《尚书·尧典》《禹贡》,后世史官所记,略去小事,综括大典,追述而成。故如'乃命羲和,钦若昊天,历象日月星辰,敬授人时……以闰月定四时成岁。'即《律书》《历书》《天官书》所由昉也。'岁二月东巡狩……车服以庸。'《封禅书》所由昉也。'帝曰,咨四岳,有能典朕三礼……直哉惟清。'《礼书》所由昉也。'帝曰:夔,命汝典乐……百兽率舞。'《乐书》所由昉也。'帝曰:弃,黎民阻饥,汝后稷,播时百谷。'《平准书》所由昉也。《禹贡》一篇,《河渠书》所由昉也。"(《文心雕龙注》卷四)范文澜将《史记》八书同《尚书》结合起来进行具体分析,从而确定了书体的名称、内容以及形式都基本上源于《尚书》。若从方法和体例方面考察,毋庸置疑,《史记》八书也借鉴于《尚书》。然而,《尚书》以记言为主,《史记》八书以记事、记人为主,似乎又有不同。但《尚书》虽以记言为主,其中也不乏记人与记事。所以,八书借鉴《尚书》的方法与体裁也是可能的。如果仅仅认为八书只借鉴了《世本》和《尚书》,而否认书体对于"三礼"的借鉴,这种看法不免有些偏颇。刘知几在《史通·书志》篇中指出:"夫刑法、礼乐、风土、山川,求诸文籍,出于'三礼'。及班、马著史,别裁书志。考其所记,多效《礼经》。"他认为书体出于"三礼"。那么是否存在这种可能性呢?《周礼》《仪礼》《礼记》的内容基本都是国家大政,从体裁和方法方面讲,《史记》八书借鉴"三礼"应该是可能的。可以这样认为,即《史记》书体的名称借鉴了《尚书》,而书体的内容与形式则吸收与借鉴了先秦典籍中有关国家大政记载的内容与方法,以及纪事本末体的方法和体裁。说司马迁创造了书体,不仅仅在于司马迁将先秦文献中有关国家大政记载的对象、内容、方法、体裁进一步系统化、完善化,更重要的是他将这一体裁融入五体之中,将书体与本纪、表、世家、列传组合成一种崭新的历史表述形式。对于这一体例,固然可以从史学的渊源方面上溯至古代的《尚书》和"三礼",但它一经司马迁的继承和发展，便给后世史学研究开拓了更广阔的天地，这点是毋庸置疑的。

书体经过司马迁的继承与创新，成为正史体裁的一个重要组成部分。自班固改书为志，便正式形成了书志体的体裁，或称政书体、典制体。后世史家修正史多有"志"，其缺者后世史家便纷纷续补。至唐代刘知几子刘秩作《政典》，遂出现了书志体的专著。至杜佑作《通典》二百卷，上起唐虞，下逮唐代宗，从食货、选举、职官、礼、乐、兵、刑、州郡、边防等方面分门别类论述了国家大政、典章制度的发展与变迁，成为影响巨大的典制体专著，不仅大大扩展了典制体的领域，也大大提高了书志体在史学研究上的地位，从而引起更多史学家的重视。继《通典》之后，宋郑樵作《通志》，元马端临作《文献通考》，于是号称"三通"。至清朝官修《续通典》《续通志》《续文献通考》《清通典》《清通志》《清文献通考》，遂有"九通"之称。后刘锦藻又撰《清朝续文献通考》四百卷，续乾隆至清亡。因此，便又有了"十通"之称。此外，"会要""会典"也是书志体的衍生与发展，书志体的队伍因此更为壮大，阵容更为壮观。唐时苏冕、杨绍复等即开始修纂《会要》，记载唐代的国家大政、典章制度，后由宋王溥重新整理，成《唐会要》。王溥又撰《五代会要》。此后南宋末年徐天麟撰《西汉会要》《东汉会要》。至清代，孙楷撰有《秦会要》，杨晨撰有《三国会要》，徐松撰有《宋会要辑稿》，龙文彬辑有《明会要》，姚彦渠辑有《春秋会要》，汪兆镛辑有《稿本晋会要》。元代官修《元典章》述国家大政、典章制度。继此之后，明朝官修《明会典》，清代官修《清会典》。书志体从内容到形式日益发展起来，书志体的地位也日益提高。后世的"记""典""录""说"诸体，无不师法和导源于此。它们的名称虽异，而体统、义法则一。由此看来，司马迁创立的书志体例，起到了规范后世史学的作用。

（5）三十世家

本纪、表、书之后是世家。什么是世家呢？司马迁在《太史公自序》中的一段话既解释了他为什么作世家，同时也是对世家这一体例的解释。他说："二十八宿环北辰，三十辐共一毂，运行无穷，辅拂股肱之臣配焉，忠信行道，以奉主上，作三十世家。"《史记正义》解释说："言众星共绕北辰，诸辐咸归车，群臣尊辅天子也。"这就是说，世家记载的是那些股肱辅佐大臣，他们如同众星环北斗、车辐环集车毂一样，忠信行道，以侍奉主上。这些"辅拂股肱"之臣自然有"开国承家，世代相续"的诸侯国君，除此之外，公卿、大夫、士等均可视为股肱之臣。刘知几在《史通·世家》中指出："自有王者，便置诸侯，列以五等，疏为万国。当周之东迁，王室大坏，于是礼乐征伐自诸侯出。迄乎秦世，分为七雄。司马迁之记诸国也，其编次之体，与本纪不殊。盖欲抑彼诸侯，异乎天子，故假以他称，名为世家。"刘知几认为世家的对象主要是诸侯。世家的体例与本纪相同，为辨明帝王与诸侯的名分，故在体裁的名称上有所区别，一为本纪，一为世家。总之，世家这种体例，比之于本纪，除了记载人物有其名分和地位的区别外，其编次和用意大致相同。

古代学者在探讨世家体例时，往往强调"开国承家，世代相续"之义。金人王若虚说："迁史之例，惟世家最无谓。颜师古曰：'世家者，子孙为大官不绝也。'诸侯有国称君，降天子一等耳，虽不可同乎帝纪，亦岂可谓之世家？且既以诸侯为世家，则孔子、陈涉、将相、宗室、外戚等复何预也？"(《滹南遗老集》卷十一《〈史记〉辨惑三》)唐代刘知几不同意司马迁将陈涉的事迹列入世家中叙述，他在其所著《史通·世家》篇中曾这样表示："按世家之为义也，岂不以开国承家，世代相续？至如陈涉起自群盗，称王六月而死，子孙不嗣，社稷靡闻，无世可传，无家可宅，而以世家为称，岂当然乎？"从刘知几指责司马迁为陈涉立世家所持的理由来看，刘知几并没有窥见司马迁作《陈涉世家》的意旨。章学诚对司马迁为陈涉作世家与刘知几持相同的看法，认为是名实不正(章学诚《文史通义》外篇二《驳张符骧论文》)。陈涉之所以被列入世家，司马迁说得很清楚:"秦失其政,而陈涉发迹,诸侯作难,风起云蒸,卒亡秦族。天下之端,自涉发难。"(《史记·太史公自序》)在《陈涉世家》结尾处,司马迁说得更为透彻:"陈胜虽已死,其所置遣侯王将相竟亡秦,由涉首事也。"显然,司马迁作《陈涉世家》的主旨在于肯定陈涉的首事亡秦之举。司马迁看重与推崇的是陈涉对历史进程、历史发展所起的重大的推动作用。司马迁作世家的对象是"股肱之臣",即主要是诸侯或相当于诸侯的人。陈胜虽佣耕出身,但其发难亡秦,且亦称王,也可视为诸侯;孔子虽布衣,实为学术思想之宗师,为无冕之王或无位之侯。司马迁之所以将皇后、皇妃视为"股肱之臣",则是因为"自古受命帝王及继体守文之君,非独内德茂也,盖亦有外戚之助焉"(《史记·外戚世家》),所以作《外戚世家》。由此看来,司马迁赋予"股肱之臣"的内涵,应包括那些曾经对历史进程起过作用、产生过影响的历史人物。

司马迁作三十世家,不仅对陈涉、孔子不强调"开国世家,世代相续",对"忠信行道,以奉主上"之臣,如入汉以来的萧何、曹参、张良、陈平、周勃等也都列为世家。他们当然称得上是股肱辅佐之大臣,但却不一定是开国承家的诸侯。由此可见,"史迁所言者,辅弼股肱而已……周汉之间,凡能拱辰共毂,为社稷之臣,效股肱辅弼之任者,则史迁入之世家。开国可也,不开国亦可也;世代相续可也，不能相续亦可也；乃至身在草野，或不旋踵而亡，亦无不可也。明乎此，而后可以读《史记》"（朱东润《史记考索·〈史记〉纪表书世家传说例》）。如何理解司马迁所说的"股肱之臣"，是理解司马迁作世家"名""实"问题的关键，而理解司马迁作《史记》的体例，是不能离开他作《史记》的主旨的。关于司马迁世家体例纯与不纯的讨论，应基于他作《史记》的主旨。

关于世家名称与体裁的来源，众说纷纭。泷川资言《史记会注考证》说："赵瓯北引《卫世家》赞'世家言'，以为自古有此称，不知'世家言'三字又见《管蔡》《陈杞》各世家，史公自称其书也。"（《史记会注考证》第五册）赵翼则认为自古已有世家的名称、体裁。世家的名称与体裁是否古已有之，众说纷纭。但有一点可以肯定，即《史记》的世家体，其名称借鉴了《世本》中的《世家》篇，其方法、体裁、对象、内容等，则既借鉴了《世本》，也借鉴了《国语》，以至《战国策》。而编年体的方法则又借鉴于《春秋》《左传》等。所以，《史记》世家体的设立，是对先秦文献中关于诸侯国历史研究成果的继承与发展。

三十世家中，自《吴太伯世家》至《田敬仲完世家》十六篇，写的都是诸侯，以编年记事，形式上同本纪没有什么区别。另外，从《吴太伯世家》到《郑世家》十二篇，可与《三代世表》《十二诸侯年表》相照应。这些诸侯均为周初所封。他们的始祖皆有德于民,子孙享其德泽。吴太伯为让贤而逃奔至荆蛮,其谦让精神,受到孙子的称赞,故司马迁将其列为世家之首。三十世家与《十二诸侯年表》在顺序排列上并不一致。世家以吴、齐、鲁、燕的顺序列十二诸侯,这是按照诸侯始祖与周的亲疏和开国时功劳的大小为排列顺序的;《十二诸侯年表》则是以周、鲁、齐、晋、秦、楚、宋、卫、陈、蔡、曹、郑、燕、吴的顺序来排列的。年表的排列顺序反映了春秋时代的霸政以及诸侯势力的大小。其中,周为天下共主,故居首;鲁列第二,不在十二诸侯之内,鲁象征《春秋》以当一王之法;其后是春秋五霸。吴被列在十二诸侯之后,正是表现《春秋》先诸夏后夷狄的笔法。

从《赵世家》至《田敬仲完世家》四篇,同《六国年表》相对照,是战国之世以暴力夺权而得的诸侯。

孔子、陈涉、外戚三世家可为一组。这些人虽然并不是诸侯,却有功于社稷。

从《楚元王世家》至《三王世家》,所叙皆汉朝开国时的社稷之臣或汉家宗戚。

(6)七十列传

司马迁在《史记·太史公自序》中说:"扶义俶傥,不令己失时,立功名于天下,作七十列传。"《史记索隐》

在解释这句话时说:"言扶义倜傥之士能立功名于当代,不后于时者也。"对于司马迁作列传的用意,在刘知几看来,是"录人臣之行状"(《史通·列传》)。司马贞也说:"列传者,谓叙列人臣事迹,令可传于后世,故曰列传。"(《史记索隐·伯夷列传》)他们的解释未必尽合司马迁的原意。司马迁作列传的宗旨,就其主要方面来看,明明在于记录那些扶持正义、操行高洁和有功于天下的人物,使其得以流芳百世。

列传这种体例,以前并没有人用过,它完全是由司马迁创立的。刘知几在《史通·列传》中指出:"纪传之兴,肇于《史》《汉》。""兹例草创,始自子长。"赵翼也有同样的看法:"(《史记》)惟列传叙事,则古人所无。古人著书,凡发明义理,记载故事,皆谓之传。《孟子》曰:'于传有之。'谓古书也。左、公、穀作《春秋》传,所以传《春秋》之旨也。伏生弟子作《尚书大传》,孔安国作《尚书传》,所以传《尚书》之义也。《大学》分经、传,《韩非子》亦分经、传,皆所以传经之意也。故孔颖达云:'大率秦汉之际,解书者多分为传。'又汉世称《论语》《孝经》并谓之传。汉武谓东方朔云:'传曰:时然后言,人不厌其言。'东平王与其太师策书云:'传曰:陈力就列,不能者止。'成帝赐翟方进书云:'传曰:高而不危,所以长守贵也。'是汉时所谓传,凡古书及说经皆名之,非专以叙一人之事也。其专以之叙事而人各一传,则自史迁始。"(《陔余丛考》卷五)徐浩也说:"'传'者,转也。转受经旨,非以叙人物。叙人物以为传,则自子长《史记》始。"(《廿五史论纲》)赵翼以具体的文献记载来说明列传这一体例是由司马迁所创立的。确切地说,在司马迁以前是有"传"这个名称的,但那时只是作为"解书"者之义,其体裁也是解书者之义,即经传之传,并非人物传记之传。至《世本》有《传》篇,虽非经传之传,然仅记各国的姓氏,因此,也不是人物传记之传。对此,现代学术界提出了不少新的见解。范文澜在《正史考略》中说:"晋太康中,汲冢得《穆天子传》一卷,是战国史官因有专为一人作传之例矣。"周春元也认为:"传体的确立,当不晚于战国时代,可能在战国以前,就已经出现。《穆天子传》是最早单行的传,《世本》中的传,是最早与其他史体并存的传,这是可以断言的。"他认为孟子说的"于传有之","也反映早有传体的典籍存在"。(《史学史研究》1982年第2期《传体的起源、发展及其特点》)对于这一问题,史学界普遍认为,在司马迁以前,不仅已经有了"传"这一名称,且有了专写人物事迹的传体及史籍,《穆天子传》便是明证。白寿彝在《史记新论》中也对此进行了讨论。他认为,《诗经》里《生民》是讲后稷一生的主要事情,《公刘》是讲公刘建立国家的过程。"这两篇是歌颂古代英雄的传说,是传记体。这种体裁在以前的甲骨文、金文、《尚书》中是没有的，它在历史编纂学上又是一个发展。"这就是说，在《诗经》中，虽无传体之名，而实际上已产生了以写人物事迹为主的传体，"《史记》的列传继承了这种体裁"（《史记新论》）。可以这样认为，《诗经》里的《生民》《公刘》篇，已具备了传记体的雏形（当然还不能作为史体的传记体）。至《穆天子传》，传记体基本定型，并成为史体之一种。在司马迁以前就存在的传体体裁，为司马迁在史学研究中确立以人物为中心、本位的思想创造了前提条件。正是因为具备了这一前提条件，司马迁才能将其改造并融入五体之中，从而创造了前所未有的纪传体史书。

传的名称，司马迁以前就有，但列传这一名称，则始自司马迁。传是传其事迹的意思；"列"是"列其行事"，即将人物的事迹排列起来。这就是说，"列"和"传"都有记述人物事迹的意思，"列其行事"，即传其行事的意思。正如《史记索隐·伯夷列传》所说，"叙列人臣事迹，令可传于后世"。班固作《汉书》，传记体以"传"名，不取"列传"之名，当是班固看到"列"和"传"的意思相同，于是省去"列"字，唯以"传"名。既然"列"与"传"同义，司马迁为何要取"列传"之称？或许是为了与当时盛行的经传之"传"有所区别，以示创新。至于后世各正史，或称"列传"，或称"传"，名虽略异，其实均同。

自司马迁创立列传一体之后，传体在史学研究的方法和编纂体裁上的地位得到了确认，列传和本纪一起成为史学研究中最基本的两种体裁。刘知几将唐以前的史书体例归结为"二体"，其中就包括纪传体。历代正史中虽有缺表缺志者，唯纪、传两部分总不会缺。自司马迁提倡传体，后世传体遂迅速发展起来，而且很快从纪传体中独立出来，形成了独立的编纂体裁。传体运用广泛，已成为正史、野史、杂史、笔记、札记、文集、方志中必不可少的内容之一。研究历史人物具有永恒的意义，传体也因此而具有顽强的生命力。在当今历史研究中，本纪、世家的体裁在形式上已被淘汰，而传体仍在发扬光大，分类人物传、分代人物传等各种人物传，仍在不断问世。而传体史学乃至传体文学的奠基者，就是司马迁。

司马迁创立的列传体，就其在《史记》中的具体操作方式而言，可分为专传、合传、类传三种形式。专传则人各一篇，编次、时间和事迹本末都很清楚，如《孟尝君列传》《魏公子列传》等。合传则以生平事迹类似者并编，往往打破时代界限，上溯下及，如《屈原贾生列传》《老子韩非列传》等。至于类传，在篇名中并不举固定的人物名称，但他们的行事相类或属性相同，如《儒林列传》《货殖列传》即是。另外，无论专传、合传或类传，都可能有附传。所谓附传，即指那些未入传目标题的人物。正传与附传，表示了列传人物的主次，附传并非为可有可无，而是以传目标题人物行迹为主，兼书他人行事。如《鲁仲连邹阳列传》，即以鲁仲连为主而附及邹阳之事；《孟子荀卿列传》，即以孟、荀二人为主而附及邹忌、邹衍、淳于髡、慎到、环渊、接子、田骈、邹奭、公孙龙、墨子等人之事。七十列传就是由这些类型的传体所构成。

《史记》七十列传的排列，大体上以时代为顺序，连类相及。七十列传之传首为三代人物，这就是《伯夷列传》。接下来便是春秋时期的人物，从《管晏列传》到《仲尼弟子列传》共六篇。此后便是战国时期之人物，从《商君列传》到《田单列传》，共十五篇。再往后是楚汉之际人物的传记，从《张耳陈馀列传》至《田儋列传》，总共六篇。再往下是汉初刘邦集团的人物传记，从《樊郦滕灌列传》至《季布栾布列传》，也是六篇。最后是文、景时期的人物与武帝时期的人物传记，前者从《袁盎晁错列传》至《吴王濞列传》，共六篇；后者从《魏其武安侯列传》至《淮南衡山列传》，共十二篇。由此看来，七十列传是依据时代顺序进行排列的。

司马迁作七十列传，为古往今来能够"立功名于天下"的各种历史人物立传，写出了各个阶层、各种行业代表人物的心态和面貌。

司马迁在总结和继承先秦史学成果的基础上，运用本纪、表、书、世家、列传五种体例,将上起黄帝,下迄汉武帝这段时间的历史,加以系统地记载、谨严地论述。纪传体体裁的创立,在中国史学发展史上具有划时代的意义。纪传体以纪、传隐括诸体,其中每一种体例都可以从先秦史籍中找到它的踪迹,但司马迁对之进行了再创造,把诸体融入一体,这就是司马迁的杰出贡献之所在。司马迁创立纪传体的意义是极其深刻的。宋代史学家郑樵对此作了极高的评价,他说:"仲尼既没,诸子百家兴焉。各效《论语》,以空言著书,至于历代实迹,无所纪系。迨汉建元、元封之后,司马氏父子出焉,司马氏世司典籍,工于制作,故能上稽仲尼之意,会《诗》《书》《左传》《世本》《战国策》《楚汉春秋》之言,通黄帝、尧、舜至于秦汉之世,勒成一书,分为五体,本纪纪年,世家传代,表以正历,书以类事,传以著人,使百代而下,史官不能易其法,学者不能舍其书,六经之后,惟有此作。"(《通志·总序》)赵翼在《廿二史札记》卷一里说:"古者左史记言,右史记事,言为《尚书》,事为《春秋》,其后沿为编年、记事二种。记事者,以一篇记一事,而不能统贯一代之全;编年者,又不能即一人而见其本末。司马迁参酌古今,发凡起例,创为全史,本纪以序帝王,世家以记侯国,十表以系时事,八书以详制度,列传以志人物。然后一代君臣,政事贤否得失,总汇于一编之中。自此例一定,历代作史者遂不能出其范围,信史家之极则也。"近代史家梁启超评论说:"诸体虽非皆迁所自创,而迁实集其大成,兼综诸体而调和之,使互相补而各尽其用,此足征迁组织力之强,而文章技术之妙也。"(《中国历史研究法》)

2.中华文明发展史的真实记录

《史记》是中国史学史上的第一部纪传体通史,真实地记录了从黄帝至西汉武帝上下三千年间波澜壮阔、丰富多彩的历史。它既记载了周边少数民族的历史,描绘出了一幅宏伟的多民族国家的历史画卷;同时,它的笔触也伸向了人类知识的众多领域,是对中华三千年文明发展史的真实记录。

(1)三千年历史面貌

《史记》真实地记录了从黄帝至西汉武帝上下三千年的历史,内容涉及政治军事、天文地理、社会经济、学术文化、宗教活动,以及少数民族和域外国家。无论是涉及时代之久远,还是涉猎范围之广泛,《史记》都是空前的。《史记》是一部总结了以往全部历史的、规模宏大的通史著作。

《史记》是一部通史,它"述历黄帝以来至太初而讫"(《史记·太史公自序》)。司马迁的《史记》上限为什么要从黄帝开始?他在《史记·五帝本纪》的后论中是这样交代的：《尚书》只是从尧讲起，而百家记黄帝事又不正确可信，就连荐绅先生也难以说清楚。孔子所传的《宰予问五帝德》和《帝系姓》这两篇重要的文献，儒生们也不传习了。他依据《春秋》和《国语》中的记载来印证《宰予问五帝德》《帝系姓》中的一些内容，发现后者的记载并不是虚伪的。所以，他选择了其中最正确的材料和线索著为专篇，作为本书的起始。在司马迁看来，中国历史从黄帝写起，这不仅有文献上的根据，有民间传说的参考，而且蕴含着史家对于历史的严肃态度和深刻理解。《史记》以黄帝开篇，意味深长，其历史影响历时愈久而愈强烈。

《史记》下限"至太初而讫"。汉武帝太初元年（公元前104年），下距司马迁逝世只有十几年，说明《史记》是一部从远古贯通到作者所处时代的通史。那么，司马迁为什么要断至太初呢？因为这一年西汉王朝在历法上实行了大的改革，即颁行了新历《太初历》，并改元封七年为太初元年。《太初历》是我国历史上第一部比较完整的历法，《太初历》的颁行是我国历法史上的第一次大改革。司马迁是《太初历》的制定者之一，深知此事的重要，故在《史记》中屡屡提到它。如"五年而当太初元年，十一月甲子朔旦冬至，天历始改，建于明堂，诸神受纪"；"五家之文怫异，维《太初》之元论"。（《史记·太史公自序》）这后一句话的意思是说，黄帝、颛顼、夏、殷、周五历皆有误差，只有《太初历》最为准确。在《史记·历书》中他还比较详细地记述了改历的经过。

司马迁以《太初历》的颁行为《史记》之下限,反映了他对历法与社会生活之密切关系的深刻认识。因此,他特意指出:"今上……乃以太初之元改正朔,易服色,封太山,定宗庙百官之仪,以为典常,垂之于后云。"(《史记·礼书》)这在西汉社会生活中无疑是一个重要的变化。由此足见司马迁以太初为《史记》下限,又不仅仅是从历法改革着眼的。

总之,《史记》之为通史,首先在断限上反映出司马迁从时间上整体把握历史演进过程的远见卓识。

(2)多民族国家画卷

《史记》以其恢宏的历史视野,几乎将社会历史的一切方面都纳入了自己考察、撰述的范围之内。其中不仅包括社会生活的方方面面,还将各个民族的历史状况和社会面貌尽现其中。

自古以来,中国就是一个由多民族组成的国家。而自秦汉以来,中国便是一个不断发展的、统一的多民族国家。中华民族的历史,是包括汉族及各个少数民族人民在内的历史。但是,儒家的正统思想却一再宣扬"夷夏之辨",以中原华夏民族为冠带之国,贬称周边少数民族为夷狄之邦,并以此区分种族贵贱。因此,我国周边民族被贬称为东夷、西戎、南蛮、北狄,这些民族生活的地区也被视为荒服之地。孔子在民族关系的观念上是比较进步的,但其所修《春秋》,仍表现出内诸夏而外夷狄的思想;西汉大儒董仲舒将他的纲常伦理学说渗透到民族关系之中,民族的大小被董仲舒视为天然的等级次序。

然而,就是在"罢黜百家,独尊儒术"的汉武帝时代,司马迁却在《史记》中首创民族史传。他分别以北方、南方、东南、东北、西南、西北地区的划分,写出了《匈奴列传》《南越列传》《东越列传》《朝鲜列传》《西南夷列传》《大宛列传》等六篇少数民族史传。其所述地域,有的超出了当时的或现在的中国疆域。各篇史传都详今略古地介绍了各民族的历史,着重叙述了汉武帝时期周边各族与中原王朝的关系。

在司马迁首创民族史传之前,有关民族方面的历史,在先秦时期的文献记载中也曾涉及。《春秋》《左传》《公羊传》《穀梁传》《国语》等先秦要籍中都记载了大量的民族史材料,所以,写少数民族的历史,是我国史学传统之一。《春秋》经传记载了周王室和149个封国的史事,记载了他们之间的朝聘、会盟、婚好和战争。从他们的姓氏中,可以反映出他们分属于周、殷、夏和其他古代民族。先秦史籍中记载的一些民族,经过春秋、战国时期民族间的相互交往，其中大量融合为汉族，也有不少成为秦汉以后的少数民族。《春秋》经传为我们留下了不少民族史料，但这些记载还不是对各个民族分别作出的较为集中的表述。

《国语》虽说是一部政治文献汇编，但也可以将其视为民族史方面的资料，其中《周语》《鲁语》《晋语》《郑语》都是有关周族宗亲的记载。而《楚语》《吴语》《越语》则是关于南方民族的记载。《国语》中有关民族方面的记载，是研究这一时期少数民族史的重要史料，为治民族史的学者所重视。但先秦史籍中关于少数民族的记载过于零碎，且缺乏专篇系统论述。

司马迁首创民族史传，其意义在于他打破了"种别域殊"的内外之别，把民族区域纳入统一国家范围之内来叙述，视各民族皆为天子臣民，从而将环绕中原的各个民族置于同一空间进行表述。由此可以证明，《史记》不仅在时间跨度上贯通古今，叙述了从古至今的历史发展过程，其所涉及的内容也并不仅仅局限于汉民族社会生活的方方面面，而是尽可能地将在广袤土地上生活的所有民族以及他们的全部历史展现出来。

匈奴是中国古代北方的一个较为强大的民族。司马迁说明了自己作《匈奴列传》的原因："自三代以来，匈奴常为中国患害；欲知强弱之时，设备征讨，作《匈奴列传》第五十。"（《史记·太史公自序》）此传共9076个字，一开头便将匈奴民族生活的地域、经济、文化及风俗习惯以极其概括简练的语言进行了介绍，诸如匈奴人民的游牧生活，以及他们作为游牧民族在生产上的特点、善于攻战的天性、日常生活、婚姻制度的特点和文化水平等在列传中都作了尽可能详尽的说明。列传不仅记载了匈奴不断发展的历史及其与汉族先民的关系，还重点记述了匈奴最强盛时期的情况以及冒顿单于的坚毅强悍，最后写到了匈奴与汉朝的复杂关系。在《匈奴列传》中，司马迁不是孤立地记述这个北方少数民族，而是通过对匈奴与其他少数民族以及与汉朝关系的揭示，将匈奴置于统一国家之内来进行考察。

《西南夷列传》记述了西南夷各族的民情习俗、庄𫏋对滇池的开发、秦汉两代的经营，以及西南夷与中原文化经济交流的悠久历史。列传还着重记载了汉武帝三次通西南夷的情况。显然，司马迁在《西南夷列传》中并没有局限于西南夷自身，而是通过对汉王朝与西南夷之间联系日益加强的事实的揭示，突出了他多民族统一国家思想的主题。

司马迁在创作民族史传时，其国家一统的思想是十分明确的。除了将各少数民族置于统一的国家范围之内进行叙述外，他把中国境内的各民族皆视为黄帝子孙。关于这一点，《史记》在许多篇章中都有所阐发：

勾吴与中国之虞为兄弟——"太史公曰……余读《春秋》古文,乃知中国之虞与荆蛮勾吴兄弟也"(《史记·吴太伯世家》)。

楚之先祖出自帝颛顼——"楚之先祖出自帝颛顼高阳。高阳者,黄帝之孙,昌意之子也"(《史记·楚世家》)。

越王勾践禹之苗裔——"越王勾践,其先禹之苗裔,而夏后帝少康之庶子也"(《史记·越王勾践世家》)。

闽越王勾践之后——"闽越王无诸及越东海王摇者,其先皆越王勾践之后也,姓驺氏"(《史记·东越列传》)。

司马迁有意识地收集这些传说,以便说明或者说证实他的多民族统一国家的思想。例如在《吴太伯世家》中,司马迁载道:勾吴始祖吴太伯,本是周太王古公亶父的长子。周太王欲传位少子季历,以便季历传位其子姬昌。因为太王认为姬昌是一个贤人。于是,太伯与弟仲雍避位逃奔到荆蛮,太伯被荆蛮拥立为主,自号勾吴。太伯死后无子,弟仲雍继立,三传至周章,时值武王灭殷,求太伯、仲雍之后,因周章已为吴王,于是封周章弟虞仲于虞。虞国在夏故墟。这就是中国之虞与荆蛮勾吴的兄弟关系。再如,在《六国年表》中,有"禹兴于西羌"而为夏后之祖的记载。在《秦本纪》中,有秦之先祖大费,其子孙"或在中国,或在夷狄"的记载。这是关于民族融合与演变的历史。这些历史记载详尽地表现了司马迁的民族认同意识和国家统一的思想。

司马迁笔下的民族史传,是以强调周边少数民族政权向汉廷的臣服,阐扬民族统一、融合的思想为主的。他在《史记·太史公自序》中说:汉朝既然统一了中国,而赵佗能安定杨越,为汉南方属国,纳贡称臣。作《南越列传》。吴王刘濞反叛汉朝,东瓯王杀了他,保封禺之山,为汉藩臣。作《东越列传》。唐蒙为汉使,开通了夜郎国,因而邛、笮这些国家的君长,都请求为汉内臣接受郡县官的约束。作《西南夷列传》。

司马迁在《史记》中设民族史传,这说明在他的历史视野里,少数民族与汉朝已经成为一个整体。司马迁将此二者置于一个共同的空间进行论述,由此而展现出来的是一幅极为广阔而博大的历史画卷。可以这样认为,司马迁首创民族史传,一部统一的多民族国家的历史由此而诞生。

(3)百科全书式的历史著作

《史记》是历史巨著,它记述了人们的经济活动、伦理行为;《史记》渗透着司马迁对历史的理解与思考,同时也表现出他对社会的关注,并体现了其政治理想。总之,《史记》的笔触已深入人类知识宝库的方方面面,深入人的生活的方方面面,包罗万象,博大精深。从此种意义上说,《史记》不愧为反映那个时代的一部百科全书。

司马迁作为太史令，除掌管宗庙礼仪祭祀、管理图书档案之外，还执掌天文历法，所以司马迁本人就是当时一位有名的天文历法专家，他曾经和上大夫壶遂一起制定了《太初历》；在《天官书》里，他记载了许多星体、星座，并说明了它们出现的时间和运行的情况，司马迁在天文历法方面也有突出的成就。

此外，司马迁巡行各地，有着丰富的地理知识。人与自然环境的关系，成为他理解历史、解释历史的一个重要依据。他说匈奴人是为寻找水草而迁移，因此没有城郭和固定的住所。匈奴人对地理环境的选择和追求，使得这个民族的生活习俗具有独特之处，人人都要学习攻战的本领，这就是他们的天性。司马迁曾到齐国做过调查访问，他认为齐国地理位置靠山临海，据有膏壤两千里的广大开阔的地域，所以形成了齐国人"阔达多匿知"（《史记·齐太公世家》），即生性豁达、不轻易表现自己的天性。后人评论他是"活地理"，意即说他具有政治地理、文化地理方面的知识。（李长之《司马迁之人格与风格》）

司马迁在《史记》中还首创了工商业者专传。他在经济思想方面的许多真知灼见，在广度和深度上都超过了前人，对后世产生了极为深刻的影响。

首先，司马迁把直接的物质生产看作是人类最基本的社会活动，是社会发展和国家盛衰的基础。他在《货殖列传》

中援引前人的话说:"农不出则乏其食,工不出则乏其事,商不出则三宝绝,虞不出则财匮少。"司马迁认为此四者,为"民所衣食之原","原大则饶,原小则鲜。上则富国,下则富家"。司马迁认为农、工、商、虞是人民衣食之源、富家强国之本。

司马迁肯定了人们对物质利益、财富追求的合理性。社会上各行各业的人,都是为了求富取利而奔波忙碌,这是人的天性所致。他在《货殖列传》中写道:"天下熙熙,皆为利来;天下攘攘,皆为利往。""富者,人之情性,所不学而俱欲者也。"所以,人们追求富裕,追求物质生活的提高,乃是一种自发的、必然的趋势。

春秋时期管仲曾提出"仓廪实而知礼节,衣食足而知荣辱"的观点。这即是说,人们必须先有饭吃、有衣穿,然后才能从事其他活动;没有一定的物质基础就谈不上什么"礼节""荣辱"。司马迁吸取并进一步发挥了这个具有真理意味的观点。司马迁认为人的财富和道德紧密相关,仁义道德是建立在经济基础之上的,"人富而仁义附焉"(《史记·货殖列传》)。

从历史上看,重农抑商,已成为周秦以来的治国之道。而司马迁却在他的经济传中宣扬了自己的重商思想。他不仅为诸多富商大贾立传,还饶有兴味地记载和总结了许多成功者的经商经验,其中包含许多在商品流通和商业活动中带有规律性的东西，比如"贱之征贵，贵之征贱""人弃我取，人取我与"(《史记·货殖列传》)等重要的经商原则。

司马迁的经济思想多来源于直观体验，不成系统且有矛盾之处，但它对于后人终究是一笔宝贵的财富。

司马迁在《史记》中以历史学家特有的眼光，对古今各代兴亡盛衰的历史进行了考察和分析，其政治主张也由此体现出来。

司马迁的政治思想，是儒家德治仁政思想和道家顺其自然无为而治思想的混合体。司马迁的德治仁政主张，在《史记》的诸多篇章里得到了一再论证。在《天官书》中，他提出："国君强大，有德者昌；弱小，饰诈者亡。"在《循吏列传》和《酷吏列传》中也有类似的阐发。在《太史公自序》里，司马迁在对禹、汤、文、武作盖棺论定式的历史评价时，把"德"作为最高的政治褒赏和美谥，他说夏禹"德流苗裔"，说周文王"德盛西伯"。对于以往历史经验的总结，他也十分注重仁义道德的作用。他在《史记·齐太公世家》中说："太公至国，修政，因其俗，简其礼，通商工之业，便鱼盐之利，而人民多归齐，齐为大国。"对于汉朝政治，司马迁每每赞颂汉文帝："汉兴，孝文施大德，天下怀安。"(《史记·孝景本纪》)

司马迁还吸纳了道家的思想，主张顺其自然，提倡无为而治。他在评价萧何时,充分肯定了萧何作为相国,能顺应民心,更改国家法律的做法。司马迁称赞曹参时说,曹参作为汉朝相国,在百姓脱离了秦国的残酷统治后,能推行休养生息、清静无为的政策,所以天下人都赞美颂扬他。从《史记》的记载来看,司马迁所赞赏的政治主张、治国之道,是德治仁政思想与道家顺其自然无为而治思想的融合。

主张大一统,肯定大一统,反对诸侯封国,反对分裂割据,这是司马迁所坚持的政治主张。继秦朝统一以后出现的汉代经济繁荣,以及汉初众多政治家和思想家对秦朝兴亡的历史经验教训的总结,对司马迁大一统思想的形成有着直接的影响。司马迁的大一统思想从以下几个方面表现出来:

其一,充分肯定秦统一中国的历史功绩。认为秦统一中国是"世异变,成功大"(《史记·六国年表》)。

其二,赞扬汉初的"削藩"政策。他多次肯定晁错的"削藩"建议,歌颂汉景帝平乱的政绩,赞扬武帝的"削藩"措施是"强本干,弱枝叶之势,尊卑明而万事各得其所矣"(《史记·汉兴以来诸侯王年表》)。

其三,称颂因汉政权的统一而出现的经济繁荣景象。在《史记·货殖列传》中,他说,"汉兴,海内为一,开关梁,弛山泽之禁,是以富商大贾周流天下,交易之物莫不通,得其所欲"。

其四，首创少数民族专传，将汉武帝时东南西北各少数民族均视为天子臣民，宣称中国境内的各民族都是黄帝的子孙。

其五，《史记》的五体结构，也体现了司马迁的大一统思想。他以本纪突出帝王的业绩，以世家、列传记载诸侯、大臣辅弼君主的作为，如同众星拱卫北辰。司马迁政治大一统的观念也由《史记》这一纪传体的形式体现出来。

其六，对一切反叛分裂行为严加谴责，体现了司马迁维护统一的思想。对于韩信，他斥责道："天下已集，乃谋畔逆，夷灭宗族，不亦宜乎！"（《史记·淮阴侯列传》）

司马迁主张大一统的政治思想，无疑是进步的、符合社会发展趋势的。

作为思想家的司马迁，他的卓越之处在于，其以深邃、丰富的哲学思想，分析历史人物，评说历史现象，从而将自己的哲学思想运用于人类社会历史发展过程的研究之中。司马迁不愧是一位思想巨人。

司马迁的哲学思想集中体现在天人关系问题上。

天人关系是中国古代哲学中长期争论的一个哲学基本问题。诸子百家揭开了关于这一问题讨论的序幕。时至汉代，董仲舒的"天人感应"说应运而生，由此，先秦"天人合一"的观点获得了理论上的新发展。

司马迁对天人关系这一哲学命题的认识包括两个方面。一方面，他接受了天命论和董仲舒的"天人感应"说。他在《史记·律书》中说："递兴递废，胜者用事，所受于天也。"他在《史记·六国年表》序中说："论秦之德义不如鲁卫之暴戾者，量秦之兵不如三晋之强也，然卒并天下，非必险固便形势利也，盖若天所助焉。"语气虽不十分肯定，但天意在其中所起的作用则是明确的。但在具体运用和阐释天人感应说时，司马迁又发挥了人事占主导地位的思想，强调了人事的决定作用。比如，在《史记·楚元王世家》的后论里，他把当时很流行的"国之将兴，必有祯祥，国之将亡，必有妖孽"这个宗教迷信色彩很浓的天人感应观的谶语改为"国之将兴，必有祯祥，君子用而小人退。国之将亡，贤人隐，乱臣贵"。司马迁认为国家的兴亡在于人事的作用。在司马迁的哲学思想中，更为难能可贵的，是他在《史记》的许多篇章中，对于"天"产生了怀疑，进行了批判。在《伯夷列传》中，他以具体的历史事实，对"天道无亲，常与善人"提出了"余甚惑焉，傥所谓天道，是邪非邪？"这样深沉、震撼人心的质疑。在《项羽本纪》中，他认为项羽的失败，是由于放弃关中，怀恋故土以及居功自傲、迷信武力等主观原因造成的，并非"天亡我"。至于蒙恬被秦二世赐死的原因，蒙恬自己认为是因为修长城而绝了"地脉"，司马迁则认为蒙恬之罪根本不是"绝地脉",而是他不考虑百姓的疾苦,一味大兴土木的缘故,与天命无关。

毋庸讳言,司马迁的哲学思想中还有不少天命论的成分,但在"天人合一"思想的统治下,他能大胆地怀疑"天"的存在,否定天命论,这是十分难得的,反映了汉代唯物主义哲学思想发展的新高度。

《史记》的笔触涉及古代社会的经济、政治、军事、民族、思想、文化、社会风貌和各阶层人物,不愧为一部博大精深的历史巨著。它首创《礼书》《乐书》《律书》《封禅书》《河渠书》等专史,说明了作者在这些方面的学识与修养。而首创记载国内各少数民族以及域外许多国家和民族的史传,又表明司马迁是一位民族史的专家和世界史的开创者。

这位伟大的史学家留给我们的不仅是一部作为史学丰碑的纪传体通史,更是一部包罗万象、博大精深的百科全书。

三 《史记》与中国史学传统

《史记》的诞生,树立起中国史学史上一个新的里程碑。作为一种新的体例,它是对传统史书体例的继承与创新;而《史记》中所体现出的历史认识、史学思想以及作史的原则与方法,同样也是对先秦史学传统的继承与创新。先秦史学传统不仅为司马迁撰述《史记》提供了一个支点,更为他带来了信心,指明了方向。司马迁提出"述往事,思来者"(《史记·太史公自序》),与其说是寻求精神的解脱,不如说是追求史学的真谛。

1. 继史学传统

先秦是我国史学的创始时期。在这一时期,我国史学由早期的文字记载到编成史书,由萌芽状态进入勃然生长阶段。我国古代史学的优良传统,也在这一时期得以孕育。

司马迁以其卓越的智慧和惊人的勇气继承并发扬了我国古代的史学优良传统，从而开创了我国史学史上的新纪元。

这些优良的史学传统，大致可以概括为以下几点：

第一，在历史认识上，已经初步完成了从历史是神的安排到历史是人的活动的这一认识的过程。

《尚书》是我国古代最早的一部历史文献汇编，其内容基本上是统治者的讲话记录或文告。尽管如此，《尚书》作为一部历史典籍来说，在一定程度上也反映出了当时记载者的历史认识。如《尚书·无逸》篇告诫成王不应贪图安逸，要效法文王勤劳节俭，"怀保小民"，"无淫于观、于逸、于游、于田"，"无若殷王受之迷乱，酗于酒德"。这种敬天保民的思想，在当时来说，显然是周朝统治者从殷商灭亡的历史教训中获得的启示，感到单凭天命进行统治是不够的，还必须重视人的作用。《尚书·多方》篇记载了周公说的"天惟时求民主"的话，这句话的意思是说，上帝关怀下民，为民求主。如此关怀、重视"民"，当然是出于如何进行统治的考虑，但它说明了人在社会历史发展中的作用已经开始受到重视。

《春秋》是我国现存的第一部历史著作。《春秋》虽据《鲁春秋》编修而成，但并非原封不动地照抄，孔子在修订的过程中融入了他对历史的认识。孔子虽然不否认鬼神的存在，但他重人事而不宣扬鬼神。"子不语怪、力、乱、神"(《论语·述而》),足见他对弟子很少言及怪异和鬼神之事。"敬鬼神而远之"(《论语·雍也》),可以说是孔子对待鬼神的基本态度。他在回答弟子子路所问关于服事鬼神的问题时说:"未能事人,焉能事鬼?"(《论语·先进》)在孔子看来,"鬼神"是渺茫难知的,应该关注的是现实生活中的人事。

孔子在评论历史问题时,注重探求人的活动在社会发展过程中的作用,进而说明人自身的价值。他对古往今来各色各样人物的品德、性情、言论、行动、功绩、过失等多有评论。如他对管仲虽然有过种种指责,但仍认为他功绩卓著。他说:"管仲相桓公,霸诸侯,一匡天下,民到于今受其赐。微管仲,吾其被发左衽矣。"(《论语·宪问》)透过这些评论,我们可以窥见孔子对人在社会历史发展中的作用、地位的主张和态度。

孔子所修的《春秋》,写的就是人的历史。属于春秋时期各国征战、会盟、朝聘、婚丧、祭祀等内容的,约占全书的90%,这些内容原与宗教活动关系密切,但《春秋》却从神秘气氛中将其解脱出来。书中也记载了一些日食、月食、彗星、山崩、地震、冰雹、虫灾等奇异现象,但也是作为与人事有关的自然现象来叙述的。

孔子不否认天命、鬼神的存在,说明他并没有摆脱殷周以来的天命观,但他关注了人的历史活动并记述了人的历史。在历史认识上,这是一个很大的进步。

《左传》作者写晋文公称霸,强调他流亡19年,"民之情伪,尽知之矣"(《左传·僖公二十八年》),而在回国后,又能"教其民",使民"知义""知信""知礼","民听不惑,而后用之",故能"一战而霸"。(《左传·僖公二十七年》)《左传》记晋悼公复霸,是因其执政后能采取一些有利于民的措施,"民无谤言,所以复霸"(《左传·成公十八年》)。《左传·桓公六年》记随国贤臣季梁论小国之所以能战胜大国,是因其"忠于民而信于神"。指出:"夫民,神之主也,是以圣王先成民而后致力于神。"《左传·庄公十年》记曹刿论鲁国要和大国齐国作战,不能靠以衣食分人的小恩小惠,也不能靠"牺牲玉帛"而求神保佑,而是要靠忠于职守,据实断狱,取得民心。由此可见,《左传》的作者已经看到了民心向背对国家兴衰、战争成败的作用。他还写道:"国将兴,听于民;将亡,听于神。神,聪明正直而一者也,依人而行。"(《左传·庄公三十二年》)"民之所欲,天必从之。"(《左传·襄公三十一年》)这就是说天和神都要尊重人的意志,在否定天和神的神圣性的同时,肯定了人在社会政治生活中的作用。

重视人事在社会历史发展中作用的这一历史认识,随着历史的发展、史学的进步,愈来愈被更多的人所接受。尽管当时天命史观还在继续起作用,但它已无法逆转人们对这一历史认识的发展趋势。这是先秦时期人们在历史认识上所迈出的有重大意义的一步。与此相关联的,是产生了历史变化和进化的观点。

第二,在史学思想方面,人们对史学的社会功能初步提出了以史为鉴的见解。

商周时期的文字记载,因为其记事大多时间不明,彼此孤立,从中难以看出历史发展的脉络,所以还不能算是系统而完整的历史记载。即便如此,垂训后世的思想已蕴含其中。金文是铸刻在钟鼎等青铜器上的铭文。西周铭文记载的内容十分丰富,多为王臣颂功庆赏之作,铭文结尾常有"其子子孙孙永宝用"等语,表明器物原主希望铭刻所述内容同器物一样永垂后世。

"殷鉴"的思想是由周人提出来的。西周统治者在灭亡殷商取得政权以后,虽然还继续凭借天命巩固其统治,但由于他们看到了殷王朝覆灭的重大历史事变,感到天命并不完全可靠,于是出现了"天命靡常"的观点。《诗·大雅·文王》篇说:"商之孙子……侯服于周,天命靡常。"这几句话是说,商朝的子孙,现在都臣服于周了,天命不是不可以改变的,如果统治得不好,照样要垮台。所以必须"永言配命,自求多福",即要想统治得长远多福,还必须自己求之,好好配合天命而行事。周统治者除了继续宣扬神权、君权至上外,已不得不承认和接受前朝灭亡这一历史教训的重要性。《诗·大雅·文王》篇写道:"殷之未丧师,克配上帝。宜鉴于殷,骏命不易。"这正是从正面教训统治者不要重蹈殷纣王的覆辙。《尚书·无逸》篇记述周公劝诫成王时,亦征引了许多史实以为借鉴。这种"殷鉴"观点,是中国历史上第一次提出要注意吸取前人的历史经验教训,成为三千年来在政治上重视历史经验、接受历史教训的重要观念。这一观念,对于我国几千年来的政治和史学产生了很大的影响。

重视对过去历史经验的借鉴,作为一种史学思想,在先秦时期的历史著作中已明确地表现出来。《国语》是战国初期编成的一部史籍,其记事始于周穆王征犬戎,下迄智伯灭亡,共计约四百年历史。《国语》以记言为主,主要汇集了春秋时期各国国卿、大夫的言论。它较为注重的是对各国政治上的得失成败和选贤任能以及春秋时期一些重要人物在大国的霸业和兼并中的言行的记载。

《左传》是我国古代著名的编年体史书,取材广泛,内容丰富,具有很高的史料价值。从全书来看,记春秋前期较略,而对后期的记载则较详,于后期又以对鲁襄公和鲁昭公的记载为最详。二公在位六十三年,占全书编年时间的四分之一,而篇幅却占全书的一半。就国别而论,书中对晋国之事记述最详,楚、鲁稍次,郑又次之,更次者为齐、宋、曹、卫、秦和后起的吴、越等国。由此可见,《左传》记事，重点在于晋的霸业兴衰，所以记晋事的篇幅约占全书的四分之一。郑国虽次之，但亦有重点：一是记述郑庄公的霸业，二是记述郑子产相国。从中亦可窥见《左传》叙事非常重视王者兴废的历史经验教训。

由于注重从历史中获取经验和教训，因此反过来又促进了人们对历史知识的重视。春秋时期，贵族非常注重历史教育，《国语·楚语上》记载了楚国大夫申叔时所阐述的关于如何对太子进行全面教育的理论："教之'春秋'，而为之耸善而抑恶焉，以戒劝其心；教之'世'，而为之昭明德而废幽昏焉，以休惧其动；教之'诗'，而为之导广显德，以耀明其志；教之'礼'，使知上下之则；教之'乐'，以疏其秽而镇其浮；教之'令'，使访物官；教之'语'，使明其德，而知先王之务用明德于民也；教之'故志'，使知废兴者而戒惧焉；教之'训典'，使知族类，行比义焉。"申叔时所谈到的这些，实际上是给太子教什么的问题。其中，"春秋"是当时史书的通称，"世"为世系谱谍，"诗"即《诗经》，"语"是指治国的名言警句，"故志"是记载前代兴衰成败的书，"训典"为先王的书。由此看来，历史知识几乎成为太子所受教育的全部内容。从历史中获得智慧，吸取经验教训，已受到当时统治者的重视。同时这也促使人们重视历史记载，注重保存历史资料。所以，这一时期的史学取得了空前的成就，达到了我国奴隶社会史学发展的顶峰，许多典型的历史记载成为千百年来史学家写史的范本。

第三，在历史撰述的体裁上，已出现了多种体裁的史著，其中编年体史书和记言体史书已取得相当大的成绩，多种体裁之综合运用的初步尝试也开始出现了。

西周末年至春秋时期，中国史学上出现了最早的国史。所谓国史，即周王朝和它所分封的各诸侯国的正式的历史撰述。这种国史按年代顺序记事，是中国史学上编年体史书形成的最早阶段。

西周自共和行政元年（公元前841年）起，开始有了明确的纪年。《国语·周语》记事又记年，始于宣王，这说明周在宣王时就已经出现了编年体国史。至于诸侯国，则以鲁国的纪年为最早。《春秋》记事，始于鲁隐公元年（公元前722年）。这一年可作为编年体国史确立的标志。春秋时期，史书除编年体外，还出现了语、志、世、训典等体裁。春秋中期，楚国大夫申叔时在为太子列选应受教育的科目时，列出了"春秋""世""诗""礼""乐""令""语""故志"和"训典"等，这些都是不同内容、不同形式的历史记载。至此，历史记载已发展到一个新的阶段。

周王朝和诸侯国的国史，经秦始皇焚书之后，已荡然无存。不过，我们从孔子据《鲁春秋》修成的《春秋》以及《左传》《国语》等书中，可以窥见当时国史的内容、资料的来源及其撰述的形式。从其撰述形式来看，此时的国史一是记某时发生某事，二是记某事发生的过程，三是记言或记事又记言。春秋各国国史记事都标明时间，这比西周时期的历史记载前进了一大步。但它记事简略，仍然只是对史事的原始记录，尚未形成为有组织、有观点的作品，还不是历史著作。现存我国最早的历史著作，是孔子根据鲁国史官的记录所编的《春秋》。

《春秋》按年、时（四时）、月、日记载了春秋时期上起鲁隐公元年（公元前722年）下至鲁哀公十四年（公元前481年）共242年的历史。《春秋》采用编年体，初步将人物、地点、时间、事件四个因素结合起来记述历史，它已有了明确的时间顺序，把事件有系统地按年代先后加以编排，上下连贯，从中可以看出历史的发展过程，这与甲骨文的记事零碎、金文的一篇篇孤立相比，已完全不同。《春秋》是我国第一部名副其实的历史著作，它初步创立了编年体史书的雏形。

《左传》亦称《左氏春秋》，它记载了春秋到战国初年共255年的历史。如果说《春秋》是编年体的雏形，那么《左传》则是我国第一部真正的编年史。《春秋》作为编年体史书还带有很大的原始性，它虽然把人物、地点、时间、事件四个基本因素统一了起来，但记事非常简单，可以说是有纲无目，因而往往使人读其文而不知其微言大义。《左传》记事就较为详细，对于历史事件一般都能做到首尾完整，并且吸收了其他史体的长处，把其他史体的史料按年代顺序组织进去，使编年史体达到基本成熟的程度。所以，《左传》的产生，标志着历史编纂学的巨大进步。

《竹书纪年》是战国后期魏国人所撰写的一部编年体史书，是现今所知中国史学上最早的具有通史性质的著作。《世本》一书，据《汉书·艺文志》著录，有十五篇，其主要内容为古史官记黄帝以来迄春秋时诸侯大夫的史事。原书已佚，清人有辑本多种。关于《世本》原先的结构，我们现在已难以尽知，但从后世诸家征引来看，它有"帝系"，有"本纪"，有"世家"，有"传"，有"谱"，有"氏姓"，等，可见《世本》是包含了多方面内容和多种体裁的通史著作。《竹书纪年》和《世本》的编撰，在我国史学史上具有重要意义。它们突破先前史书的局限，力图贯古通今，撰写出从传说时代至作者所处时代的历史，是我国最早具有通史性质的两部著作。《世本》于一书之中，采用多种形式，记述了社会历史的各个方面，是一部综合体史书，具有纪传体史书的雏形。两书的撰述思想和编撰格局，显示出先秦史学自此开始出现了一种走向综合的发展趋势。

中国史学的撰述体裁，由原始的文字记载发展为真正意义上的编年体，说明中国史学在撰述形式方面，已由萌芽状态进入勃兴阶段。编撰体例上所取得的诸多成就，不仅为史学的继续发展奠定了基础，也为新的历史著作的产生创造了条件。

第四，史家主体意识增强。其表现如下：私人历史撰述的出现，打破了学在官府的局面；史官坚持记事法度，秉笔直书，以史论的形式表达史家对历史的看法。史家主体意识的增强，有利于史学的进一步发展。

春秋战国时期的历史大变动，反映在意识形态上，是学在官府格局的被打破和百家争鸣局面的形成。在这个变化过程中，史学还不能成为一"家"，但它却开始突破王侯贵族的藩篱而同私人讲学、私人著述结合起来。于是，中国史上出现了最早的一批私人撰写的历史著作，如前文提到的《春秋》《左传》《国语》《竹书纪年》《世本》《战国策》等，都属于早期的私人著述。

春秋战国时期，在史学园地里呈现出了一派前所未有的繁荣景象，无论是内容的丰富性，还是体裁的多样性，都让人感觉到这是中国史学史上一个蓬勃兴起的历史时期。史学发展的状况，必然取决于社会经济的发展和文化的繁荣，但私人历史著作的出现不能不说是一个重要的因素。

私人撰述带给史学的繁荣，不仅仅是历史著述内容上的丰富和体裁上的多样，更重要的是史家主体意识的渗透，使史学的发展获得了新的生机。《春秋》的一个显著特点是"属辞比事"。"比事"是按年、时、月、日的顺序排比史事，是编年记事的概括性说法。"属辞"，可以解释为在表述史事时讲求遣词造句，注重文辞的锤炼。比如，同是记战争，则有伐、侵、入、战、围、救、取、执、溃、灭、败等不同的写法；同是记杀人，则有杀弑、尽杀、诱杀、歼等不同的写法；同是记人的死亡，则有崩、薨、卒等不同的写法。显然，孔子在讲究用词造句、连缀文辞的同时，融入了他的史学思想、价值观念。《左传》的作者，面对春秋时期社会的急剧变化，在叙述历史的同时，明确表达了自己的观点。他赞扬齐桓公、晋文公的霸业，肯定秦穆公称霸西戎，承认诸侯争霸的事实。他还通过晏婴之口，赞扬陈氏受到民众的拥护和爱戴："其爱之如父母，而归之如流水。"（《左传·昭公三年》）对季氏驱逐鲁君、掌握政权的做法，作者并不认为是天下"无道"。《左传》大量地记述了各国政治家、思想家有关"重民"与"民本"思想的论述，作者依照国君对民的态度，把国君分为"良君"和"困民之君"。这些渗透着主体意识的历史叙述，赋予历史陈迹以生命与活力，使其具有现实意义。

史家主体意识增强的另一方面，表现为史家秉笔直书。《左传》宣公二年（公元前607年）记晋国事说：赵穿攻灵公于桃园，宣子（即赵盾——引者）未出山而复。太史书曰"赵盾弑其君"，以示于朝。宣子曰："不然。"对曰：

"子为正卿,亡不越竟,反不讨贼,非子而谁?"宣子曰:"乌呼!'我之怀矣,自诒伊戚。'其我之谓矣!"孔子曰:"董狐,古之良史也,书法不隐。赵宣子,古之良大夫也,为法受恶。惜也,越竟乃免。"这里,孔子提出了一个评价"良史"的标准——"书法不隐"。书法,是史官记事的法度;无隐,是不加隐讳。《左传》记载这件史事,说明作者是主张据事直书的。《左传·襄公二十五年》记载了齐国崔杼派人杀死国君庄公后太史书事的遭遇:"太史书曰:'崔杼弑其君。'崔子(指崔杼——引者)杀之。其弟嗣书,而死者二人。其弟又书,乃舍之。南史氏闻太史尽死,执简以往。闻既书矣,乃还。"由此不难看出,《左传》的作者是通过赞扬齐太史兄弟以及南史氏这样的"直史"和"良史"来倡导冒死直书、坚持实录的作史精神的。由《左传》所开创的这一优良史学传统,被后世尊为史官的美德和评价史书的标准。

《左传》在史学上所取得的卓越成就以及对后世史学所产生的巨大影响,其中就包括作者坚持了"直书"。《左传》不为尊者讳,它对奴隶主贵族甚至周天子的腐朽没落多所揭露,不像《春秋》那样为尊者讳。如《左传·昭公三年》中记载了晏婴和叔向的一次谈话,深刻地披露了齐、晋两国政治的腐败与没落。当时,齐国是"公聚朽蠹,而三老冻馁;国之诸市,屦贱踊贵",晋国则是"庶民罢敝,而公室滋侈;道殣相望,而女富溢尤"。又如"僖公二十八年"条下,如实地记载了晋侯召周天子一事:"是会也,晋侯召王,以诸侯见。"而不像《春秋》那样,讳曰"天王狩于河阳"。《左传》不仅倡导了据事直书的优良传统,在其具体的史学实践中也坚持了秉笔直书的治史原则。

秉笔直书作为史家的书史方法之一,是指史家作史要"据事直书"。"据事直书"就是按照历史的本来面目如实地记载历史。关于"据事直书",班固有更为明确的解释。他在《汉书·司马迁传》中说道:"然自刘向、扬雄博极群书,皆称迁有良史之材,服其善序事理,辨而不华,质而不俚,其文直,其事核,不虚美,不隐恶,故谓之实录。"班固的解释,涉及"实录"的各个方面,其中"不虚美,不隐恶"即善恶必书。何为"善"?何为"恶"?史家只有通过对历史事实进行具体的价值判断,才可能区分善恶,做到直书。这就是说,史家的主体意识在对历史事实进行价值判断时就得以表现出来。古人讲"春秋书法",别善恶,正褒贬,强调的就是"善恶必书"的原则。史家要"别"、要"正",就必然存在主体意识参与的问题。

关于直书,有的史家将其视为一种书史方法;有的史家将其与史德等同起来。如此对直书进行界定,都有其特定的内涵。倘若从史学意识、史学思想和价值观念的角度思考这一问题,可以说直书是好的史家的一种主体意识。

作为一位"良史",其将直书作为自己追求的目标,作为自己的一种职责和使命。正因为如此,像南史、董狐他们才能"仗气直书,不避强御","肆情奋笔,无所阿容"。(刘知几《史通·直书》)《左传》倡导"据事直书"的治史精神,也是为了增强史家的责任感与使命感,即增强史家的主体意识。

史家最直率、最坦然地表现其主体意识的方式是以"君子曰"的形式发表评论。《左传》虽以记载史实为主,但在一段叙事之后,往往根据所叙历史进行简短的评论。如它记晏子辞更宅事:

> 初,景公欲更晏子之宅,曰:"子之宅近市,湫隘嚣尘,不可以居,请更诸爽垲者。"辞曰:"君之先臣容焉,臣不足以嗣之,于臣侈矣;且小人近市,朝夕得所求,小人之利也。敢烦里旅?"公笑曰:"子近市,识贵贱乎?"对曰:"既利之,敢不识乎?"公曰:"何贵何贱?"于是景公繁于刑,有鬻踊者,故对曰:"踊贵,屦贱。"……景公为是省于刑。
>
> 君子曰:"仁人之言,其利博哉!晏子一言而齐侯省刑。《诗》曰:'君子如祉,乱庶遄已。'其是之谓乎!"(《左传·昭公三年》)

又如隐公元年(公元前722年),在记述郑庄公经颍考叔的帮助，恢复了与其母姜氏的正常关系后，作者即以"君子曰"的形式评论说："颍考叔，纯孝也，爱其母，施及庄公。《诗》曰：'孝子不匮，永锡尔类。'其是之谓乎！"这些评论，多属作者自己的见解，只不过借"君子"之口说出来而已。当然，《左传》有时也借用名人之言作为评论的依据。如宣公二年（公元前607年）在记述"赵穿攻灵公于桃园"，而太史却书"赵盾弑其君"之后，《左传》引孔子之言说："董狐，古之良史也，书法不隐。赵宣子，古之良大夫也，为法受恶。惜也，越竟乃免。"作者就述史内容发表评论，言约义丰，耐人寻味。有人统计，《左传》有134条评论，其中直接引用仲虺、周任、史佚、孔子等人话的有50条，有"君子曰""君子谓""君子以为"之称的评论84条。这种评论形式，实开后世史书论赞之先河。

《左传》里的"君子曰"就事论事，还不是具有理论色彩的史论，还没有形成一种体系。隋代著名史家魏澹曾作过这样的评论："丘明亚圣之才，发扬圣旨，言'君子曰'者，无非甚泰，其间寻常，直书而已。"（《隋书·魏澹传》）认为左丘明的史论，只限于就事论事，没有说出更深奥的道理，仅仅只是一种直书。即便如此，《左传》的"君子曰"毕竟为史家直书情怀开创了一个新的天地，运用这一表述方式，史家有可能更充分、更直接而集中地评论或发表自己对历史的看法，并通过评论积极引导人们对历史现象进行深刻的理解与批判,从而促进史学的发展。

处于萌芽与兴起阶段的先秦史学,不仅完成了我国史学由早期的文字记载到编成史书这一重大的史学发展过程,而且我国古代史学的优良传统也在这一时期得以孕育。优良的史学传统为司马迁建立新的史学里程碑创造了条件,提供了基础。

2.明《春秋》大义

先秦时期史学的发展与成就,为司马迁撰写历史巨著,从史学理论、编撰体例、史学思想、文献积累以及其他诸多方面提供了借鉴和参考。司马迁十分明确地指出,他撰写的《史记》就是继承《春秋》之作。他在《太史公自序》中对《春秋》一书进行了全面的介绍与评价,这既表现出了他对《春秋》的肯定与推崇,同时也反映出他对于史学功用、史官责任的思考。

司马迁在《太史公自序》中记载了他同上大夫壶遂关于《春秋》的讨论。当上大夫壶遂问他"从前孔子为什么作《春秋》"时,司马迁回答说:"我听董仲舒先生说过,周室东迁以后,王纲不振,政事远不如西周盛世,那时,孔子在鲁国做司寇,遭到诸侯的嫉妒、大夫的阻碍。孔子知道自己的好言不会被人采纳,自己的政治主张无法实行,于是就决定根据鲁国史记,把从鲁隐公元年(公元前722

年）到鲁哀公十四年（公元前481年）这242年间的人和事，分出谁是谁非来，为天下万世定出一个标准。贬斥诸侯，诛讨大夫，以此达到王道的目标。"为了更确切地说明孔子撰《春秋》的目的，他还直接引用了孔子的话："我想与其空发议论，倒不如举出具体的人和事来证明是非得失，以便更加深刻明显。"在《史记·儒林列传》中，司马迁也叙述了孔子著《春秋》的原因。司马迁认为，孔子在世时，历游诸国"无所遇"，很不得志。于是，孔子以著《春秋》来宣传他的治国之道。在《史记·孔子世家》中，司马迁也记载了孔子撰写《春秋》的原因。孔子说："不成，不成！君子最遗憾的莫过于死后没留下好的名声。我的救世理想已经无法实现了，我要用什么来留名后世呢？"于是孔子根据鲁国的史记作了《春秋》一书，以留名后世。不难看出，司马迁在叙述孔子著《春秋》的原因时，已经将自己关于史学的功用、史官的责任的思考寓于其中了。

在《太史公自序》中，集中反映了司马迁对《春秋》的评价和看法。司马迁认为《春秋》的社会价值主要是由两个方面体现出来的：一方面是通过讲明夏禹、商汤、周文王三代圣王的治道，从而具有"制义法"、明"王道"的作用；另一方面则为辨别人事的纲纪而具有"礼义之大宗"的意义。司马迁还将《春秋》同群经即《易》《礼》《书》《诗》《乐》进行比较，得出这样的结论："《春秋》

辩是非，故长于治人。"《春秋》以道义。拨乱世反之正，莫近于《春秋》。《春秋》文成数万，其指数千。万物之散聚皆在《春秋》。《春秋》之中，弑君三十六，亡国五十二，诸侯奔走不得保其社稷者不可胜数。察其所以，皆失其本已。"显而易见，司马迁将《春秋》同《易经》《礼经》《书经》《诗经》《乐经》进行比较，是为了突出《春秋》长于处理人事的社会作用。因《春秋》以义为标准，所以，治理乱世并使之归于太平，再没有比《春秋》更切近的了。《春秋》的文字有数万，要旨有数千条，人世间万事万物的分合变化都可以从《春秋》里找到答案。《春秋》可以作为治国的纲纪、伦理的准则，在司马迁的心目中已经是确信无疑的了。

或许正是因为司马迁准确地把握住了《春秋》这部书的精髓之所在，他才会如此肯定地强调："做国君的不可以不懂《春秋》，否则谗邪小人站在你的面前，你也看不清楚；乱臣贼子紧跟在你的后面，你也不会发觉。做臣子的如果不读《春秋》，就会墨守成规而不懂因事制宜，一旦遇到突发事件，便将失去应变的能力。做人君父者若不明《春秋》大义，便容易蒙受难以洗刷的罪名。做人臣子者若不通晓《春秋》大义，则必然陷落于篡位弑君的法网而蒙死罪之名。实际上做臣子的本意是好的，只因为不通晓礼义的大旨，因而做出了君不像君，臣不像臣，父亲不像父亲,子女不像子女的事。假如君不像君,臣下就敢于冒犯他;臣不像臣,就会遭杀身大祸;父亲不像父亲,就没有道德规范;子不像子,就会不孝……所以,《春秋》的确是礼义的大宗啊。"司马迁对《春秋》如此推崇,认为无论君、臣、父、子都必须读《春秋》,否则就会"君不君,臣不臣,父不父,子不子"。《春秋》正是通过对历史的叙述,阐发了治国的纲纪和做人的伦理准则,《春秋》的社会价值由此而得以显现。

司马迁效法孔子,"继《春秋》"而撰《史记》,其目的何在?上大夫壶遂当时就曾向司马迁提出疑问:"在孔子那个时代,在上没有圣明的君主,他自己又没有受到重用,所以他只好作《春秋》,依据空文来裁断礼义,把《春秋》当作了帝王的法典。现在先生在上遇有明君,自己又有太史令的职位,国家万事都已兴作,朝野上下各得其所,现在先生想要撰述,不知道究竟想要阐明什么?"司马迁的回答令人强烈地感受到他作为一名史官的自觉的责任意识。他说:"是的,对此我有自己的看法。《春秋》采善贬恶,推考三代的盛德,褒扬周代,不仅专事讽刺讥斥而已。"司马迁接着又说道:"汉朝开国以来,有圣明的天子,得到祥瑞应兆,建立封禅大典,改正朔,易服色,承受天命,恩泽无穷。臣下百官尽力颂扬天子的大德,总觉得难以表达出来。贤能的人不被任命,是做国君的耻辱;主上圣明,但他的德业不能广泛传扬，这是为臣子的未尽到责任。更何况我是太史令，放弃圣明的大德不去记载，埋没功臣世家贤士大夫的功业不传述给后世，忘却先父的遗言，这是极大的罪过。"司马迁以他所意识到的历史责任，完成了《史记》这部历史巨著。《史记》最重要的历史价值在于它详尽、深刻且生动地写出了秦和西汉的历史，特别是总结了秦汉之际的历史经验。这是司马迁奉献给当时和后来的人们的一笔巨大的精神财富，其中蕴含着丰富的历史智慧。因强烈的史官意识所滋生出来的历史使命感，使司马迁拥有著述《史记》的决心和勇气，《史记》的历史价值则是这种史官意识和历史使命感的具体写照。

司马迁毅然继《春秋》而述作的精神力量，从某种意义上来说，也是源于他父亲的嘱咐和遗训。司马谈临终前对儿子司马迁说："现在汉朝开国，海内已经统一，这四百多年间，想到众多明主贤君忠臣死义的人士，我作为太史，未能将他们记载下来，断绝了天下的历史，我非常恐惧，内心也时刻感到不安，你仔细地考虑考虑吧！"司马谈临终前对儿子司马迁的殷切希望是要他明确史官的责任是什么，要他自觉地承担起史官的重任。此时的司马迁，心情十分沉重，但他认为父亲说得很对，应该有人继孔子之后，在著述上做一番事业。他感到自己应该有这样的雄心壮志，这是自己义不容辞的天职，因此他立志要写《史记》。司马氏父子在生死诀别之时，他们的共同心愿是忠实于史官的职守，坚决把继《春秋》述作的重任担当起来。

3."述往事，思来者"

司马迁在撰述《史记》的过程中，因李陵一案而遭受腐刑，身心受到极大的摧残。然而李陵事件所带来的种种屈辱对他意志的磨炼，也使他对于人生有了更深刻的体验。从莫大的屈辱中振作起来的司马迁，决然放弃了"引决自裁"的逃避现实的想法，为了完成《史记》的撰述，他已经将自己的荣辱置之度外。他要把自己的著作"藏之名山"，"俟后世圣人君子"。(《史记·太史公自序》)司马迁用饱蘸深情的笔墨讴歌侠士的艰辛卓绝、礼赞失败英雄的可歌可泣，为他们呐喊，为他们流泪。司马迁如此满腔的热情源于李陵事件的磨难，正是这次遭遇，粉碎了他企图通过"务一心营职"以求在仕宦上干出一番事业来的幻想；也是由于这份人生体验，改变了他撰《史记》以歌颂封建皇帝的"明圣盛德"、记载"功臣世家贤大夫之业"的目的，他决心把余生全部投入《史记》的撰述之中，以此"偿前辱之责，虽万被戮，岂有悔哉！"(《报任安书》)司马迁因自身的遭遇而发愤著书，通过著书以洗刷耻辱。著名学者钱锺书先生在其所著《管锥编》中论及司马迁的"发愤著书"的思想时指出:"'发愤''纾愤'之旨,《孟子》早畅言之。《尽心》上:'人之有德慧术知,恒存乎疢疾;独孤臣孽子,其操心也危,其虑患也深,故达';《告子》:'动心忍性,曾益其所不能。……困于心,衡于虑,而后作;……然后知生于忧患',赵岐注:'而后作为奇计异策、愤激之说也。……故知能生于忧患。'《荀子·宥坐》亦记孔子困厄于陈、蔡,子路有惑,孔子举齐桓、晋文、越勾践皆缘穷约而'生霸心',终之曰:'故居不隐者思不远,身不佚者志不广,女庸安知吾不得之桑落之下?'杨倞注:'隐、穷约也,佚、奔窜也。'荀之'广''远'即孟之'达''作'也。孟、荀泛论德慧心志,马迁始以此专论文词之才,遂成惯论。撰述每出于侘傺困穷,抒情言志尤甚,汉以来之所共谈。"(《管锥编》第三册)钱锺书先生征引了从汉代至清朝的许多人的论述来说明"文章憎命达,魑魅喜人过"是当时社会许多生平坎坷文人所无法逃脱的残酷的规律。对于不少文人来说,不"发愤"便不能"著书",司马迁忍辱著述便是如此。

综观《史记》全书,司马迁"发愤著书"的思想表现为他对怀才不遇、人生坎坷士人的同情,以及对忍辱负重者的崇敬与肯定。《伍子胥列传》记载伍子胥父兄惨遭杀害,伍子胥为报父兄之仇,辗转宋、郑,最后从郑奔吴。一路上,沿途乞讨,贫病交加,境遇可谓悲惨至极,但伍子胥并未因此而气馁。到吴以后，他知道公子光志在刺杀王僚夺取王位，于是推荐专诸而自己退耕乡下，耐心等待复仇的时机。他整整等了十六年，最后终于等到了复仇的这一天："及吴兵入郢，伍子胥求昭王。既不得，乃掘楚平王墓，出其尸，鞭之三百，然后已。"虽不能生戮昏君，鞭尸三百也足以雪生平之冤。报仇雪恨，经过十多年的磨难终于得以实现。伍子胥复仇是春秋时期家喻户晓的悲壮故事，伍子胥这个名字也成为不甘凌辱，有仇必报，顽强、卓绝精神的象征。司马迁热情称颂伍子胥这种隐忍精神，他在论赞中说："方子胥窘于江上，道乞食，志岂尝须臾忘郢邪？故隐忍就功名，非烈丈夫孰能致此哉？"在《季布栾布列传》中，司马迁记叙了本为项羽帐下名将的季布作为烈丈夫能屈能伸的本色，充分体现出季布忍辱含垢的非凡人格。项羽被灭之后，汉高祖悬赏千金捉拿他。濮阳周氏"乃髡钳季布，衣褐衣，置广柳车中，并与其家僮数十人，之鲁朱家所卖之"。季布身为将军而甘心蒙受钳奴之辱，这正是他的隐忍精神之所在。司马迁在此传的论赞中说道："以项羽之气，而季布以勇显于楚，身屡军搴旗者数矣，可谓壮士。然至被刑戮，为人奴而不死，何其下也！"这就是说，以项羽的气概，季布能以勇敢在楚国扬名，多次亲身掌管军事拔取军旗、冲锋陷阵，真可算得是壮士。但他到了被通缉列为刑戮之人的时候，就是做了人家的奴隶也不肯就死，此时的气概是多么的低落啊！司马迁对季布受辱情节的详细叙说，是为了肯定季布的隐忍精神，而季布正是因为忍受住了这暂时的屈辱，才最终获得了能够施展他才能的机会，做了汉朝的名将。司马迁对忍辱负重精神的肯定，几乎渗透了《史记》全书。孔子为宣传自己的政治主张，周游列国，处处碰壁，几乎成为丧家之犬，可是司马迁则给予了孔子最高的评价：

> 《诗》有之："高山仰止，景行行止。"虽不能至，然心向往之。余读孔氏书，想见其为人。适鲁，观仲尼庙堂车服礼器，诸生以时习礼其家，余祗回留之不能去云。天下君王至于贤人众矣，当时则荣，没则已焉。孔子布衣，传十余世，学者宗之。自天子王侯，中国言六艺者折中于夫子，可谓至圣矣！（《史记·孔子世家》）

对于战国时期伟大的政治家和诗人屈原，司马迁以与屈原同悲泣共命运的情感，在《屈原列传》中将屈原为存君兴国而忍辱负重的崇高情怀充分揭示出来。在司马迁所记述的众多的忍辱负重者中，《淮阴侯列传》中所记述的韩信受辱的情节最为详尽。韩信曾经遭受亭长太太的白眼、漂洗棉絮老妈妈对他的不信任，以及淮阴恶少对他的公开侮辱，韩信几乎处处受辱，但他却胸怀大志，后来终于做了刘邦手下的大将。司马迁对忍辱负重精神的肯定，更多的原因在于他的人生遭遇中也经受了受辱的磨难，他所记叙的这些人生道路坎坷的历史人物，其不屈不挠、不向命运低头的精神在他的内心深处产生了强烈的共鸣。他在肯定与讴歌这些历史人物的同时，也是在向世人表白他的心境与志向：他决心从人生困厄中振作起来，用全部的热情去建立功名大业，从而实现对此前所受耻辱的补偿。

司马迁父子著述《史记》的最初动机是与汉家盛世联系在一起的。他们一方面相信"今天子接千岁之统"，是"王者兴"的时代；另一方面又有身膺五百大运，上继周公、孔子的神秘体验。此时司马氏父子是把自己与汉家帝业联系在一起，把《史记》的著述与歌颂汉王朝联系在一起的。然而，残酷的宫刑使司马迁"是以肠一日而九回，居则忽忽若有所亡，出则不知所如往。每念斯耻，汗未尝不发背沾衣也"（《报任安书》）。他对于自己所处的地位也有了清醒的认识："文史星历近乎卜祝之间，固主上所戏弄，倡优畜之，流俗之所轻也。"（《报任安书》）巨大的耻辱感和内心的卑微感复杂地交织在一起，由此产生了一种悲愤填膺无法化解的情结，这就是"意有所郁结，不得通其道"。由这种情结所激发出的发愤意识，使他在面对人生灾难、耻辱、穷愁与困厄时，表现出一种强烈的自信心、顽强的意志力，以及难以抑制的热情，要以不惜一切的代价去追寻最辉煌的目标，用未来社会的价值评价来实现自身的价值。司马迁发愤著书的思想，正是出于这样一种内在的动力，他要以学术著述作为实现自己人生价值、抗争命运和补偿耻辱的最佳方式。这既是对其人生价值的确证，也是对其所受屈辱的不公正性的一种强有力的反抗。司马迁的"述往事，思来者"是对其发愤著书深刻思想的简略概括，其中蕴含着司马迁对消极沉沦和无所作为的超越，也展示了他对于自我价值实现的追求。

在人生失意、困厄与耻辱时生发出的奋发思想，在司马迁以前就古已有之。如孟子在《尽心》《告子》篇中对此多有阐发，其中最为人熟知的是这样一段话："故天将降大任于是人也，必先苦其心志，劳其筋骨，饿其体肤，空乏其身，行拂乱其所为，所以动心忍性，曾益其所不能。人恒过，然后能改；困于心，衡于虑，而后作；征于色，发于声，而后喻。"（《孟子·告子下》）荀子也曾引孔子的话说："故居不隐者思不远，身不佚者志不广。"（《荀子·宥坐》）以上所论，虽为一般意义上的泛论，未能涉及作为困窘中的文人究竟该如何奋发，但人处于困境之中应该奋发的思想已是明确地提出来了。应该说，孔子不为世用而作《春秋》给了司马迁启示，身受腐刑则使司马迁获得了更为直接与深刻的人生体验，圣贤发愤之作更使司马迁悟出了抗争悲剧命运的方法。司马迁在他撰写的《平原君虞卿列传》中，记叙了虞卿因救魏齐而去卿相之印，"不得意，乃著书，上采《春秋》，下观近世，曰《节义》《称号》《揣摩》《政谋》，凡八篇。以刺讥国家得失，世传之曰《虞氏春秋》"。太史公评论道："然虞卿非穷愁，亦不能著书以自见于后世云。"司马迁借述虞卿的人生历程道出了自己的真实心境。

司马迁所说的"发愤"，主要不是指抒发愤懑，而是指人对屈辱的一种抗争、一种奋发的精神。当司马迁将这种非理性的情感转化为理性时，他的发愤就已经超越了个人的屈辱与不幸。这种发愤精神使司马迁的人生境界得到了升华，自身的遭遇与世态的多变、对过去的解释与对现实的思考，融成一片，浑然一体。司马迁的《史记》不仅记述了中国几千年的历史，构成了"究天人之际，通古今之变，成一家之言"（《汉书·司马迁传》）、"厥协六经异传，整齐百家杂语"（《史记·太史公自序》）的宏伟思想体系，更向人们展示了一个由坚韧、发愤凝聚而成的伟大人格。

司马迁高尚的激越之情，不仅成就了中华民族的瑰宝《史记》，也成就了司马迁不朽的伟大人格。

四 《史记》的历史哲学

司马迁撰《史记》,是有明确的历史思想作指导的。他仅用几句话便对这个指导思想作了精确概括,那便是:"网罗天下放失旧闻,考之行事,稽其成败兴坏之理,凡百三十篇,亦欲以究天人之际,通古今之变,成一家之言。"(《汉书·司马迁传》)其中,"究天人之际,通古今之变",即探究天人关系、通晓古今变化的主旨,集中反映了司马迁历史哲学思想的精髓。

1. "究天人之际"

"究天人之际"即探究天道与人事之间究竟是什么关系。司马迁提出这一重大课题,无疑是对先秦以来占统治地位的天命史观的一个大胆的挑战。司马迁在《史记》中概括了三千年的历史变化,对于天命史观,他不仅提出了自己的怀疑,更阐述了对于历史变化动因的新认识。

(1)"天道"与"人道"

中国先民,在殷商时期已经有了至上神存在的观念。这个至上神,起初称为"帝",大约在殷、周之际的时候称为"天"。

殷人心目中的至上神即"帝"或"天",是有意志的一种人格神,帝能够决定人世间的一切。随着殷朝的灭亡,人们开始对"天命"产生怀疑。周人虽然继续宣扬"天命"的主宰力量,但同时也看到了"天命"不是不变的,在《诗·大雅·文王》中便有"天命靡常"的说法。到了西周末年,人们不仅对"天"的权威地位有了更多的怀疑,产生了动摇,甚至指责它不公平,不讲德行,没有理性,等等。"帝"或"天"已不再是人们观念中的公正的、能够主宰人们祸福的至上神了。于是,人们的历史观念开始发生变化。

春秋时期是我国历史上由奴隶制向封建制过渡的大动荡、大变革时代。王室衰微,大国争霸,诸侯兼并,战争频繁,在人们心目中已经逐渐失去权威的天命史观,此时更加受到冷落,人们正努力地为社会现象寻求新的解释,即从人事本身来解释社会现象。有的思想家、政治家甚至明确提出了与"天道"相对立的"人事"概念。这种新的解释,意味着人们已将注意力转移到人事本身。

周襄王七年(公元前645年)春季,宋国落下五块陨石,人们就认为它是"陨星";有六只鹢鸟倒退着飞过宋国都城,人们认为这是风吹所致。周内史叔兴认为:"君失问,是阴阳之事,非吉凶所生也;吉凶由人。"(《左传·僖公十六年》)陨石坠于地,鹢鸟退着飞,这些都是自然现象,跟人事吉凶无关。所谓吉凶,本是由人的行为决定的。叔兴说的"吉凶由人",事实上是以"人事"的观念否定了"天命"可以决定吉凶的传统观念。

在解释类似的社会现象时,明确提出"人道"与"天道"观念的是郑国大夫子产。《左传·昭公十七年》记:

> 冬,有星孛于大辰,西及汉……
>
> 郑裨灶言于子产曰:"宋、卫、陈、郑将同日火。若我用瓘斝玉瓒,郑必不火。"子产弗与。

《左传·昭公十八年》又记,这年五月,宋、卫、陈、郑四国果然发生火灾,继而写道:

> 裨灶曰:"不用吾言,郑又将火。"郑人请用之,子产不可。……子产曰:"天道远,人道迩,非所及也,何以知之?(裨)灶焉知天道?是亦多言矣,岂不或信?"遂不与。亦不复火。

这里所说的"天道",即指由天象变化推及人世吉凶祸福的传统观念,而"人道"即指人事。子产没有否定"天道"的存在,但却很机智地否定了它的作用,认为它离我们很遥远,而人事跟我们很接近,二者本不相关,怎么能用"天道"来推知人事呢!而他对裨灶的批评,就不只是机智,而是含蓄地否定了"天道"的存在。他指出,裨灶哪里能知道"天道"呢,有时候他说的话果然应验了,那也只是因为他说得多了,难免有被他说中的时候。这是借否定裨灶知道"天道"来否定"天道"本身。子产是一位有作为的政治家,也是一位有见识的思想家。他出使晋国而毁晋之馆垣并对晋国执政大夫进行有理有节的批评的故事(见《左传·襄公三十一年》),足以证明他的机智和谋略都有过人之处。

春秋时期,还有另一种否定"天道"、肯定人事作用的方式。《左传·襄公十八年》记:

> 晋人闻有楚师,师旷曰:"不害。吾骤歌北风,又歌南风,南风不竞,多死声。楚必无功。"董叔曰:"天道多在西北。南师不时,必无功。"叔向曰:"在其君之德也。"

在判断楚国发兵成败的问题上,有人提出要考虑"天道"的关系,晋国大夫叔向没有正面回答"天道"的作用,而是断然认为关键"在其君之德也"。像叔向这样不去肯定"天道"的作用,而是把分析问题的着眼点转向这样或那样的人事上来,这在当时,并不是少数人的做法。

战国至汉初,关于"人道"的说法就更多了起来。如《礼记》就多处论及"人道":

> 亲亲、尊尊、长长,男女之有别,人道之大者也。(《丧服小记》)
>
> 上治祖祢,尊尊也;下治子孙,亲亲也;旁治昆弟,合族以食,序以昭缪,别之以礼义,人道竭矣。
>
> 圣人南面而听天下,所且先者五,民不与焉。一曰治亲,二曰报功,三曰举贤,四曰使能,五曰存爱。五者一得于天下,民无不足、无不赡者;五者一物纰缪,民莫得其死。圣人南面而治天下,必自人道始矣。(《大传》)
>
> 哀公问政,子曰:"文、武之政,布在方策,其人存,则其政举,其人亡,则其政息。人道敏政,地道敏树。(《中庸》)
>
> 仁、义、礼、知,人道具矣。(《丧服四制》)

《礼记》各篇写定时间不一,有战国时人所作,也有汉初人所作。这里所说的"人道",已不同于春秋时人们相对于"天道"而说的"人道",即泛指"人事"而言,而是讲的"人间道理",是儒家学说的一个方面。所谓"人道具矣""人道竭矣""人道之大者也""必自人道始"等，都是在阐述儒家学派的伦理思想和政治思想，已不再是春秋时期人们所说的本来意义上的"人道"了。但"人间道理"也是"人事"的一部分，从这个意义上说，前者正是从后者发展而来的，它们之间有着一种历史的联系。

由此看来，从春秋到战国时期，随着历史的演进，人们对于"天道"的怀疑以至于排斥，与人们对于"人道"的重视和关注是在同步向前发展的。人们对于社会现象的认识已从神的世界转向人的世界，"天道"的解释已为"人事"的说明所代替。人们对于社会变化所作出的新的思考，是从人事方面去寻求社会变化的答案。这一变化意味着人们在历史的观念方面发生了重大变革。伟大的史学家司马迁在《史记》中论及伯夷的遭遇时，对"天道"表现出迷惑不解，这既是对"天道"荒谬的驳斥，也是对"天道"的一种否定。他说："或曰：'天道无亲，常与善人。'"伯夷、叔齐终身洁行守义，可算得上"善人"了，然而却饿死首阳山。在孔子的七十弟子当中，颜渊是孔子称赞的最贤的学生，也算得上"善人"了，但他贫困终生，常常连最粗劣的食物都吃不饱，最终短命夭折。老天报应好人，怎么会是这样的呢？又或者那些行为不正、专门违法犯禁的人，却终身安逸快乐，富贵丰厚，历代不断。而有的人从不做不公正的事,反而遭遇灾祸,这样的事简直数也数不清。对此,司马迁感到非常地迷惑不解,他说:"余甚惑焉,傥所谓天道,是邪非邪?"

司马迁的疑问在于:既然天道是大公无私的,经常帮助"善人"的,可为何古往今来的"善人"和"操行不轨"的人的最终遭遇却并非如此。历史事实足以证明"天道"的荒谬。司马迁对于"天道"的批判,已成为他历史观念中的重要组成部分。他在总结项羽失败的原因时说:"自矜功伐,奋其私智而不师古,谓霸王之业,欲以力征经营天下,五年卒亡其国,身死东城,尚不觉寤而不自责,过矣。乃引'天亡我,非用兵之罪也',岂不谬哉!"(《史记·项羽本纪》)司马迁认为项羽失败的原因是在人事方面,绝非天的意志。司马迁在《高祖本纪》中,通过刘邦的自我分析,指出刘邦之所以在楚汉相争中取得胜利,是因为他用人正确。在《孝景本纪》中,他列举了汉初所采取的一系列巩固统治的措施,从而肯定人的作用才是国家安危的关键。司马迁以其独特的批判眼光,通过具体的历史事实,对"天道"的荒谬给予了充分的揭露和无情的批判。

(2)"究天人之际"

司马迁提出"究天人之际"的重大课题,在历史观念的发展上具有划时代的意义。

"天"作为人格化的至上神,从春秋时期开始,随着人们对"天"的含义的新的解释,它已不能在人们的历史观念中占据权威地位了。尽管子产、单襄公等人所说的"天道",还没有从根本上否认"天命"的存在,但已包含了自然天象的成分。孔子在天命思想上陷入自相矛盾之中,他既认为"获罪于天,无所祷也"(《论语·八佾》),即"天"有着无比的权威,俨然是世间万物、凶吉祸福的主宰者;又认为"天何言哉?四时行焉,百物生焉。天何言哉!"(《论语·阳货》)即是说天是自然之天,并没有任何神秘的意味。老子则认为"天"是自然的、无意志的、物质性的天空,"天地不仁"(《老子·五章》)。孟子所说的"天"似乎是指具有某种规律的意识:"天之高也,星辰之远也,苟求其故,千岁之日至(冬至),可坐而致也。"(《孟子·离娄下》)因为自然之天,有其规律可循,所以只要掌握了天体运行的规律,即使千年以后的冬至这一节气,也可坐而推算出来。荀子认为"天"是自然现象,即"列星随旋,日月递炤,四时代御,阴阳大化,风雨博施……皆知其所以成,莫知其无形,夫是之谓天"(《荀子·天论》)。意思是说,"天"是运动变化着的自然现象。

人们赋予"天"以一般自然现象的含义的认识过程,往往是与认识"人"自身同时进行的。这样,"天道"与"人道"、"天"与"人"的关系便成了一切思想家、史学家特别关注和潜心钻研的根本问题。

人类对于天人关系的探索走过了极其漫长而艰辛的路程。古老的天人关系,讲的是至上神和最高统治者的关系,后来,随着"天"在人们心目中权威地位的动摇,"天"与"人"的含义都发生了变化,"天"已不再是至上神,而"人"也不是专指最高统治者。时至春秋末年,人们对天人关系有了更为深刻的认识。越国大夫范蠡就治理国家要受到天时、人事和环境的影响问题发表过一番议论,他认为,要保持国家的强大,就要效法天道,顺应天时,即"圣人随时以行,是谓守时"(《国语·越语下》)。范蠡所说的"天时",已含有客观条件、客观情势的意味,而所谓"随时""守时",也都从不同角度反映出了他对天人关系中客观形势与人的主观行为间的关系的新认识。战国时期的荀子在《天论》中较多地谈到了天人关系。他说:"天行有常:不为尧存,不为桀亡。""明于天人之分,则可谓至人矣。"在荀子看来,"天"有自己运行的客观规律,能够区分出天与人各自本分的才可以叫作"圣人"。人具有管理事务的能力,是可以同天(之时)地(之财)相配合的。荀子还强调在天人关系中,人应充分发挥主体的作用。

无论是从"国家之事"还是从事物(包括自然与社会)发展的角度来阐述天人关系,范蠡和荀子都着重强调了人的"随时"与"守时"。而荀子较之范蠡对于天人关系的认识又进了一步,他不仅注重人要遵循"天"所运行的客观规律,还强调了天人关系中人的主体作用。

随着人们对"天"的含义所作出的新的解释,以及对"人"自身认识的不断深化,对于天人关系的探讨,已成为当时思想领域中人们关注的一大问题。对"天"与"人"、"天道"与"人道"之间关系认识的不断变化,成为中国古代历史观念发展中最具理论意义的思想成果。汉武帝时期的经学大师公孙弘就认为,当时的诏书律令都能"明天人分际,通古今之义"(《史记·儒林列传》)。汉武帝举贤良策问中也有"善言天者必有征于人,善言古者必有验于今"的话。由此看来,当时的天人关系已经不再局限于理论的探讨,而是成为一种社会现实问题。意识到探讨天人关系所具有的理论与现实的普遍意义,我们便能够更为深切地感受到司马迁提出"究天人之际"这一命题的分量了。

天人关系探讨的历史,是司马迁提出"究天人之际"这一重大命题的历史根源,而提出这一重大命题的现实原因,则是当时颇有影响的人物——董仲舒所宣扬的"天人感应"说。

所谓"天人感应"说,乃是研究天象与人事之间关系的一种学说,即研究天意如何表现在帝王身上,帝王的行动又如何在上天那里得到反映,以及它们之间是如何相互影响与相互感应的。"天人感应"说的内容，是说天象的变化，如水、旱、冰雹、地震、流星，以及自然界的一些生物如麒麟、凤凰、嘉禾等祯祥灾异等，作为上天意志的代表，表示上天的嘉许或者震怒，并赏善惩恶。而人们行为的善恶与否，也可以上感天意，上天依人们行为的善恶，或使之兴，或使之亡。"天亦有喜怒之气，哀乐之心，与人相副，以类合之，天人一也。"（《春秋繁露·阴阳义》）总之，"天人感应"这一学说，实际上就是把自然现象和社会人事现象的某些偶然联系看作是一种必然的关系。

"天人感应"说有个前提，即承认天是有意志的，承认天象与人事之间是有关系的。这显然是把天人关系又拉回到《尚书·大诰》所说的"天亦惟休于前宁人"的古老而神秘的气氛中去了，并且赋予它以理论的形式。这在历史观念上无疑是一个倒退。

在董仲舒"天人感应"学说的影响下，司马迁在天人关系问题上的观点，表现出矛盾的两个方面。从其思想体系方面看，他接受了天命论和董仲舒的"天人感应"说，并试图以这种观点来解释社会历史；从其实践方面看，在解释具体的社会历史现象时，他又对这种观点和学说产生了怀疑和动摇，甚至批判和否定了天命论和"天人感应"说。也就是说，在理论上，司马迁承认天意的存在；而在实践中，他又发挥了人事占主导地位的思想，强调了人事的决定作用。比如《史记·天官书》中记载：

> 秦始皇之时，十五年彗星四见，久者八十日，长或竟天。其后秦遂以兵灭六王，并中国，外攘四夷，死人如乱麻，因以张楚并起，三十年之间兵相骀藉，不可胜数。

《史记·夏本纪》中记载：

> 帝孔甲立，好方鬼神，事淫乱。夏后氏德衰，诸侯畔之。天降龙二，有雌雄，孔甲不能食，未得豢龙氏。

这两段内容，前者是说星象真能预示吉凶，天象与人事之间确有某种联系；后者则表明了人君失德，天就降灾异以示警告。与此相矛盾的是，司马迁在记述这些历史现象的同时，又讥讽这类星气占验为"凌杂米盐"（《史记·天官书》），根本不可信。他还说在周厉王、周幽王以前，那时候人们对于观测到的天象变化，各国都择取不同的异象，各家又用不同的物异变怪来占卜，以便符合各自的需要，因此，他们图文典籍中所记的占候吉凶的方法都不统一，也无法效仿。孔子整理六经时，就只叙录他们记载的异象，而不录他们解释的说法。在《太史公自序》里，他又说，"星气之书，多杂禨祥，不经"，即讲述星象气数的书，掺杂着许多有关祈福、预测吉凶的内容，荒诞不经。司马迁以充分的事实，毋庸置疑地说明星气之书不可凭信。

虽然司马迁不可能完全摆脱"天命"的窠臼和"天人感应"说的影响，如他在讲刘邦建立汉王朝时说："岂非天哉，岂非天哉！非大圣孰能当此受命而帝者乎？"(《史记·秦楚之际月表》)而他在实践中所表现出来的对"天人感应"说的怀疑和动摇，甚至批判和否定的态度，也都同时存在于他的历史观念之中。尽管如此，在当时的历史条件下，司马迁能大胆地提出"究天人之际"这一重大问题，已充分显示出了这位伟大的史学家的理论勇气。司马迁从历史观念上和史学实践中，都能有意识地突破"天"对个人命运乃至国家兴亡等人事的决定作用的传统观念，并着力阐明人类历史过程是人们自身的活动过程，从而把人类史从神人淆乱的历史中独立出来，是历史学走向独立发展的具有决定性意义的第一步。司马迁从新的认识高度对"天人关系"问题所作出的回答，无论是对于朴素的唯物史观的发展，还是对于整个历史学的发展，其功绩无疑都是不可磨灭的。

2. "不令己失时，立功名于天下"

司马迁在《史记·太史公自序》中写道："扶义俶傥，不令己失时，立功名于天下，作七十列传。"这表明司马迁十分看重善于把握时机又能建功立业的历史人物。他肯定那些积极进取，为国家、为社会做出了贡献的"明主贤君、忠臣死义之士"。司马迁在《史记》中描绘了一幅多姿多彩的人物长卷。构成这幅人物长卷主题的，是人在历史进程中所起作用的具体展示，以及不失时机地实现人的自身内在价值的具体实践过程。

（1）"三代之际，非一士之智"

司马迁在《史记·刘敬叔孙通列传》中引用了这样一段话："千金之裘，非一狐之腋也；台榭之榱，非一木之枝也；三代之际，非一士之智也。"司马迁引用这段俗语，意在说明夏、商、周三代的兴起，并非为某一个人的智慧能实现的。汉代兴起的历史也是如此。司马迁说，高祖以他的智慧平定了天下，刘敬、叔孙通也以其过人的智慧洞察时势，在巩固西汉政权的过程中，他们各自都做出了自己的贡献。

司马迁赞扬刘敬的胆识，说他"脱挽辂一说"，乃"建万世之安"。（《史记·刘敬叔孙通列传》）刘敬为西汉初年齐国人，出身下层。汉高祖五年（公元前202年），他应征服兵役，去陇西戍守，经过洛阳，当时汉高祖正在那里。刘敬放下拉着的小车，穿着破旧的羊皮袄去见齐人虞将军。他说，我想面见皇上，讲讲有利于国家的大事。当时高祖刚刚击败最强大的对手项羽，即位称帝，暂时以洛阳为都。天下初定，定都何处，是当时一个十分重大的问题，而朝廷内多数人包括高祖本人都想定都洛阳。刘敬分析了当时的政治形势，对定都问题形成了成熟的意见，他以献定都之策显示了自己的才能。听了刘敬的建议，高祖又征询了群臣的意见，几经犹豫，最后终于决定定都关中。事后，高祖论功行赏，赐他姓刘（刘敬原姓娄），任命他为郎中，并赐给封号，称"奉春君"。刘敬入仕以后，积极为汉王朝出谋划策。自先秦以来，匈奴始终是北方的重大边患，楚汉相争之时，匈奴趁中原地区疲于征战之机而强盛起来，拥有精兵数十万。汉高祖七年（公元前200年），韩王信反，高祖听说韩王信联合匈奴欲共同攻击汉军，于是决定讨伐匈奴。他先派人出使匈奴窥探虚实，匈奴藏匿起壮士和肥壮牲畜，只让老人小孩和瘦弱的牲畜出现。于是，派去的十批使节，回来都向汉高祖报告，说匈奴实力虚弱，不堪一击。高祖派刘敬出使，刘敬回来却报告说，两国相争，应该显示实力以壮声威，但这次我到匈奴去，只看见瘦弱的牲畜和老弱的士兵，其中一定有阴谋，必定是故意示弱以麻痹我方，然后出奇兵以取胜，依我看目前不宜攻击匈奴。当时汉兵已越过了勾注山，二十余万大军也已出发。高祖怒骂刘敬：你这个以口舌取官的奴才，竟敢胡说八道动摇军心！于是下令给刘敬戴上刑具，拘禁于广武，自己亲率大军至于平城。果然，匈奴出奇兵包围高祖于白登山，七天后方才解围。汉高祖回到广武，赦免了刘敬，并说："我没有采纳您的意见，致使困于平城。我已经把十批说匈奴可以攻打的人都斩首了。"又封赏刘敬二千户食邑，赐爵关内侯，号为建信侯。汉高祖虽脱此难，但拥有精兵三十万的匈奴多次袭击北部边境，汉高祖非常忧虑，他询问刘敬有何对策。刘敬说，现在天下初定，士卒疲惫，匈奴又很强大，不宜对其以武力征服。匈奴冒顿单于杀父自立，以父亲的妻妾为妻，依靠暴力立威，根本不讲仁义，所以也不能以仁义道德来说服他。现在我倒有一计可使其子孙在将来对汉称臣，只怕陛下不肯施行。汉高祖说，如果行，为什么不能做呢？你到底要如何去办？刘敬说，如果陛下肯把长公主嫁给冒顿，又陪送丰厚的嫁妆，冒顿一定会立长公主为阏氏（单于正妻），这样冒顿就成了您的女婿，公主生的孩子就会被立为太子，将来会接替冒顿为单于，哪有外孙敢与外祖父分庭抗礼的呢？再加上匈奴贪图汉朝的重币厚礼，陛下可以逢年过节把我们这里所余、匈奴那里缺少之物送他们几次，派能言善辩之士为使臣，以礼节教导他们，如此，就可不战而使匈奴渐渐臣服于汉了。汉高祖非常赞赏刘敬的建议，但因吕后舍不得长公主，因此只拿一名宫女冒充长公主嫁给冒顿单于；又派刘敬为使赴匈奴缔结了和亲盟约。后来，为对外防备匈奴，对内防备诸侯有变，刘敬又向汉高祖建议，把六国旧王族及地方豪强迁居于关中，汉高祖采纳了他的意见并派他主持了这件事。

纵观刘敬一生的功业，主要是徙强族、都关中、和匈奴三件大事，这三件大事对于稳定当时的政治形势、巩固西汉大一统的局面和安定边境，起到了非常重要的作用。在这三件大事上，刘敬以其过人的智慧，抓住了时机，献三策而建奇功，为汉王朝政权建设和社会发展带来了"万世之安"。

叔孙通是薛县（今山东滕州市附近）人，秦时博士。陈胜在山东揭竿而起，秦二世便召集博士儒生们询问对此事的看法，博士儒生中有三十多人认为应立即派兵前去镇压。秦二世听了大发雷霆。此时，叔孙通便上前禀告："他们各位儒生所说的话都错了。如今天下统一了，废去郡县，销毁了兵器，表示天下太平。何况在上有英明的君王，在下又有完备的法令，使得人人不得不奉公守法，四面八方都来归附，哪里有胆敢造反的人？陈胜这批人只不过是偷鸡摸狗的盗贼罢了，何足挂齿？郡守、郡尉正在捉拿归案，哪里值得忧虑！"秦二世听后高兴极了，于是便遍问儒生们，儒生中凡说是反叛的均交狱吏治罪，凡说是盗贼的均不予追究。叔孙通被赐予丝绸二十匹、衣服一套，正式任命为博士官。当叔孙通离开宫殿返回宿舍时，各位儒生问他："为什么说话如此阿谀奉承？"叔孙通说："诸位不知道，我几乎不能逃脱虎口！"于是，叔孙通开始逃亡，先是回到家乡薛郡，随从了项梁，后来又随从了楚怀王，最终追随了汉高祖。降汉后，叔孙通没有向刘邦推荐自己的儒生弟子，而是举荐了一些对刘邦争夺天下有用的斩将搴旗之士，为此而遭到弟子们的咒骂。汉高祖五年（公元前202年），天下已经统一，诸侯在定陶共同尊称汉王为皇帝。由于汉家初定天下，礼仪未创，"群臣饮酒争功，醉或妄呼，拔剑击柱，高帝患之"（《史记·刘敬叔孙通列传》）。于是，叔孙通抓住时机，与诸儒生共订汉家朝仪。汉高祖七年（公元前200年），长乐宫落成，诸侯、群臣都来参加十月的朝会，因为制定了朝仪，所以在整个朝会和宴会上，没有敢喧哗失礼的。当时汉高祖说："我今天才知道做皇帝的尊贵。"于是，汉高祖便任命叔孙通为太常，赏赐他黄金五百斤。汉高祖十二年（公元前195年），汉高祖想以赵王刘如意去替换太子，叔孙通极力强谏："陛下必欲废適而立少，臣愿先伏诛，以颈血污地。"高祖说："先生算了吧！我只是开个玩笑罢了。"叔孙通说："太子是天下的根本，根本一动摇，天下就会震动，怎么可以拿天下大事来开玩笑！"高祖终于听取了他的意见。叔孙通在《史记》中被视为无行文人的典型，司马迁在《刘敬叔孙通列传》中曾两次提到叔孙通好面谀的特点。对他的这一弱点，司马迁毫无疑问是持否定态度的。但司马迁在《史记》中更多的是写叔孙通的机智，写他审时度势、把握大局的能力。如在秦二世向博士诸儒咨询扑灭陈胜起义的方略时，叔孙通正是凭借他的机智权变才逃脱了二世的迫害。降汉以后，他向刘邦举荐人才，体现出了他察大局识要务的特点。叔孙通对草创汉家制度做出了历史性的贡献。司马迁将叔孙通定礼仪与"萧何次律令，韩信申军法，张苍为章程"（《史记·太史公自序》）并提，视为汉初草创制度中的一件大事。实际上叔孙通并非一味面谀，在关键时刻，他颇有儒者诤臣的气节，如前面所说的力谏皇上不要改立太子，以便于稳定天下大局之事。所以，叔孙通的言行中充满了审时度势把握大局的卓识与智慧，他为汉王朝政权的巩固所做出的贡献不可磨灭。

与"究天人之际"的思想相联系，司马迁已经不是从一般的意义上来肯定人事在社会历史发展进程中的作用，而是以具体历史人物的实践活动去丰富和证实他的这一认识。更为可贵的是，司马迁并没有将人事的作用局限于君主。与过分强调君主作用的历史观念相比较，司马迁"三代之际，非一士之智"这一正确的认识，无疑包含了进步的历史观念。他在肯定人在历史进程中所起作用的同时，强调了各种人才在历史上的作用。这也就是说，司马迁已经注意到，历史不是一个人可以创造出来的，它需要许多人的才智参与创造。这里虽没有说到民众参与创造历史，但它显然已不同于对君主作用过分夸大的那种历史观念，而是强调了众人的作用。

在司马迁的历史观念中，这一认识占有重要的位置，通观《史记》，在这条人物画廊里，我们不仅看到了有作为的王侯将相的雄姿，也看到了妙计藏身的食客、富比王侯的商贾、为知己者死的刺客、已诺必诚的游侠、百家争鸣的先秦诸子，以及隐者、医卜、俳优等各种层次、各行各业的人物。这些人物都在司马迁的视野之内、评价之列。可以这样认为，"三代之际，非一士之智"的认识，使司马迁"究天人之际"的历史哲学思想更为丰富、更为具体，是对人在历史进程中作用的一种更为深刻的认识。

（2）"强弱之势"与"士之偶合"

战国时期是一个大变革的时期，各国之间战争频繁，政治和军事形势错综复杂。这种历史现实造就了一大批反应敏捷、思想活跃的谋臣策士，其中不少人为了追求功利，为了追求轰轰烈烈的业绩，表现出了锲而不舍、义无反顾的进取精神，为司马迁所大力称颂。司马迁在《史记·范雎蔡泽列传》后论中说：

> 范雎、蔡泽世所谓一切辩士，然游说诸侯至白首无所遇者，非计策之拙，所为说力少也。及二人羁旅入秦，继踵取卿相，垂功于天下者，固强弱之势异也。

> 然士亦有偶合，贤者多如此二子，不得尽意，岂可胜道哉！然二子不困厄，恶能激乎？

司马迁从范雎、蔡泽前后不同的境遇中得到如此启示，即范、蔡二人是世人所公认的出类拔萃的辩士，但是他们游说诸侯直到头发白了也没有碰上机会，这并不是他们的计谋策略不高明，也不是进行游说所做出的努力太少。后来他们二人旅居秦国，相继取得卿相职位，垂功名于天下，这固然与国力强弱不同的形势有关。但士人也有遇与不遇的机会，天下像范雎、蔡泽二人一样贤能却没有机会实现抱负的人，又怎么能够说得完呢！而这二人要是没遇到困厄的境遇，又怎能激发他们向上的心志呢？由此可以看出，司马迁在关注古往今来及时立功名的历史人物的同时，已经注意到历史人物成就功名同机遇即成就功名的客观情势之间有着密切的关系。

范雎本是魏国人，先事魏中大夫须贾。须贾替魏昭王出使齐国时，范雎随从出使。齐襄王得知范雎能言善辩，于是就派人给他送去一些礼品，范雎一再辞让不敢接受。可须贾却因此而认定范雎是向齐国出卖了魏国的秘密。回国以后，须贾根据自己的猜测向相国魏齐报告了此事。魏齐大怒，命家臣鞭打范雎。范雎被打断了肋骨，打落了牙齿，便假装死了。于是，魏齐命人用席子将他卷起，丢进厕所。

经范雎请求，看守将他放出。之后他得到魏人郑安平的搭救，并被推荐给了秦使王稽。王稽知道范雎是个贤才，便偷偷把他载入秦国。在去秦国的路上，范雎机智地躲过了专权秦国的秦宰相穰侯，与王稽进入咸阳。王稽向秦昭襄王推荐了范雎。其后，范雎说秦王，任秦相，为秦国外建远交近攻之策，内除穰侯尊主之权，为推动秦国向东方发展以及对秦朝的统一事业都做出了重大贡献。

蔡泽原是燕国人，他通过游学曾向许多大大小小的诸侯国谋求官职，但都没能得到赏识。最后，入秦取相，向秦昭襄王献攻取三川之策，夺取了东周洛阳以西的地方。

范、蔡二人在东方六国白首无所遇，入秦则相继取相，建功立名。司马迁特为之立传，赞美他们"能忍訽于魏齐，而信威于强秦，推贤让位"。他们不因受困而丧志，历经种种精神和肉体的屈辱与磨难，以顽强的意志和坚忍的毅力坚持了下来，把握住时机，最终立功名于天下。

司马迁在《史记·范雎蔡泽列传》中，提出了建功立名与机遇的关系问题，他不仅指出了机遇对于建立功名具有至关重要的意义，同时也强调了人对于时势把握的重要性。可以说，后者较之前者更为重要。

时势对于人们建功立业具有至关重要的意义，司马迁的这一认识，在他论汉初将相如萧何、周勃、樊哙等人时阐述得十分清楚。他在论萧何时说："萧相国何于秦时为刀笔吏，录录未有奇节。及汉兴，依日月之末光，何谨守管籥，因民之疾秦法，顺流与之更始……位冠群臣，声施后世……"（《史记·萧相国世家》）所谓"依日月之末光"，是说萧何依靠帝、后两宫的支持，而这种支持，就是当时的时势，就是萧何建立功名所凭借的重要条件。同是萧何这个人，因时势的不同，一个碌碌无为的人便变成了"立功名于天下"的显赫人物。在《史记·绛侯周勃世家》里，司马迁记述了周勃发迹的经过。周勃原是一个编织养蚕器具兼做吹鼓手的普通人，由于遇上了"从高祖定天下"这个时势，以后竟然成就了"匡国家难，复之乎正"之大业。他在评论周勃时写道："绛侯周勃始为布衣时，鄙朴人也，才能不过凡庸。及从高祖定天下，在将相位，诸吕欲作乱，勃匡国家难，复之乎正。虽伊尹、周公，何以加哉！"对樊哙、夏侯婴，司马迁也作了这样的评论："方其鼓刀屠狗卖缯之时，岂自知附骥之尾，垂名汉廷，德流子孙哉？"（《史记·樊郦滕灌列传》）当年，樊哙屠狗，夏侯婴贩缯，都是极普通的平民，但他们后来都能够"垂名汉廷，德流子孙"，不也是因为有了"附骥之尾"的时势吗？司马迁关于时势对于人们建功立业所具有的意义在《史记·平津侯主父列传》后论中说得十分明白："公孙弘行义虽修，然亦遇时。汉兴八十余年矣，上方乡文学，招俊义，以广儒墨，弘为举首。"这就是说，公孙弘虽然本身有很高的德义修养，但他也是因为碰上了好时机。对于这样一位从牧豕海上到天子三公、应时而起的风云人物，也是因为他正好遇上了皇上提倡经学、招致贤才的机会，才可能得对策为举首。所以，不同层次、不同类型但都能做到及时立功名于天下的历史人物的成功经历，都突出地证明了时势是及时立功名的重要契机。

然而，时势只是为杰出人物的建功立业提供了前提条件，只有善于把握这种机遇的人，即"不令己失时"的人，才能获得成功。这也就是说，人在"时"的面前不该是被动的，而应是主动的，只有积极地去把握住"时"，才能建立功名。所以，司马迁更为强调的是"人"对于"时"的主动性。他在《史记》中评论汉初将相萧何、周勃、樊哙等人时，说他们分别是"依日月之末光""从高祖定天下""附骥之尾"，既说明了他们所遇到的时势，也阐明了他们对时势所采取的积极、主动的态度与行为，表现出他们的"不失时"。而且，司马迁也认为人是可以把握住"时"的。他说刘敬"脱挽辂一说，建万世之安"，叙述叔孙通"卒为汉家儒宗"及如何地"制礼进退，与时变化"，这些都道出了他们对时机的恰到好处的把握。司马迁认为，人只要积极、主动地把握住"时"，就能及时地立功名于天下。他在《史记·太史公自序》中说，他作七十列传，目的就是为了记述古往今来善于把握机遇，从而"立功名于天下"

的形形色色的历史人物。

(3)"其义或成或不成"与"立意较然"

司马迁不仅赞赏能及时把握时机立功名于天下的历史人物,还饱含激情地颂扬了那些见义勇为,不畏强暴,重然诺、轻生死的刺客。

春秋战国时代,各诸侯国间的兼并战争进行得空前激烈,强凌弱、众暴寡的事件时有发生。统治阶级内部因争权夺利而展开的你死我活的斗争也经常发生。在这样的情况下,倘若发生正面冲突,弱者无可避免地要遭到失败,于是便出现了所谓的刺客。这些刺客中的某些杰出者,出于"士为知己者死"的报恩思想,为给弱者伸张正义而赴汤蹈火,以不惜牺牲一切的代价去实践"不欺其志"的侠义精神。他们在斗争中表现出个人的坚定、沉着、机智、勇敢,得到后世的尊重,并被后人视为学习的榜样。正如司马迁在《史记·刺客列传》后论中所写:"自曹沫至荆轲五人,此其义或成或不成,然其立意较然,不欺其志,名垂后世,岂妄也哉!"这是说从曹沫到荆轲五人,论他们的义行,有成功的,也有不成功的,但他们立志都很显明,他们的行为不背弃他们立定的志向,所以他们的名声能够流传到后世,难道这是平白得来的吗?

司马迁如此评价刺客,说明他所看重的是刺客不畏强暴的侠义行为，至于他们最终是否成功，这并不重要，关键在于他们行为本身所具有的意义，以及由他们的行为所表现出来的一种无畏的精神和一种英雄的风貌。司马迁正是以这样的价值标准来描述、评价荆轲刺秦王的行为的。从当时的历史条件来看，荆轲受命于燕太子丹去刺杀秦王，未能获得成功。可是，荆轲所表现出来的战国末期爱国志士愤国家之将亡，恨强秦之凶暴，为万死不顾一生之计以求一逞的悲情壮志，仍是令司马迁感到十分敬佩的。对刺客自我牺牲的侠义精神的讴歌，使司马迁关于人的价值的取向因此而体现出来。

从《史记·刺客列传》后论中可以看出，司马迁评价刺客的价值，显然不在于"其义或成或不成"，他所肯定的是刺客的"立意较然""不欺其志"。这就是说，司马迁对于刺客人生价值的判断，所注重的不是刺客行义这一行为的最终结果，他所肯定的是因这一行为所表现出来的人的精神、人的意志和人的境界。司马迁人生价值观的这一价值取向，在他的人物传记中得到了充分的体现。

司马迁为项羽作本纪，详细叙述了项羽从起兵反秦到他被汉军所败而自杀这一时期的历史。项羽在楚汉战争中与汉高祖刘邦互争天下，最后以失败告终。按照《史记》的体例，"本纪"所记载的主要对象是帝王，但项羽并没有完成帝业，为什么将他列入"本纪"呢？唐代刘知几在

《史通·本纪》中对此曾加以批评。他说:"迁之以天子为本纪,诸侯为世家,斯诚谠矣。但区域既定,而疆理不分,遂令后之学者罕详其义。""项羽僭盗而死,未得成君……霸王者,即当时诸侯。诸侯而称本纪,求名责实,再三乖谬。"批评司马迁将项羽列入本纪是违背体例规范的。对司马迁将项羽列入本纪的原委,后人作了种种猜测:或认为司马迁是从其实际功业出发;或解释说是为了从体例安排上突出其地位;更为普遍的看法,是说在秦灭亡后这段历史过渡时期,项羽实际支配着当时的政局,是实际上的统治者。种种解释都是为了说明一个为众多学者所认可的关于司马迁评价历史人物的一个基本观念,即不以成败论人。当我们对司马迁的这一观念进行更为深入的研究时,便不难发现,司马迁以重墨描述"巨鹿之战""鸿门宴""垓下之围"三个具有重要历史意义的重大事件,不但将秦汉之际项刘联合反秦、互相争霸乃至项败刘胜的历史变化生动地告诉了人们,同时也把项羽这个重要的历史人物的性格特征和一生行事的整体面貌勾勒了出来。司马迁以满腔的热情肯定了项羽在灭秦中的地位和作用,就连"乌江自刎"的场面也描写得那么悲壮,那么扣人心弦,项羽临死前的坦然、英勇,真可谓是英气盖世!司马迁肯定项羽的历史功绩,更颂扬项羽的英雄气概。总之,司马迁并没有以项刘争霸这一历史事件的直接后果去否定项羽曾经起过的历史作用，充分体现出司马迁作为一位伟大的史学家的卓越的历史意识。

在《史记》中，司马迁以他这种卓越的历史意识，奠定了评价历史人物的标准。他在《史记·秦楚之际月表》中评论说："初作难，发于陈涉。"在《史记·陈涉世家》评论说："陈胜虽已死，其所置遣侯王将相竟亡秦，由涉首事也。"这是说，是陈涉首先举起了反抗暴秦的义旗，正是在他的感召之下，项梁、项羽、刘邦才起兵反抗暴秦，从而掀起了全国反暴秦的浪潮，并最终冲垮了秦朝的统治。如果司马迁对于陈涉仅作此论述，那么，也不过只是说出了一个历史事实、一个历史真相。而更为难能可贵的，是司马迁对陈涉首事的历史地位作出了明确的评价。他在《史记·太史公自序》中指出：

> 桀、纣失其道而汤、武作，周失其道而《春秋》作。秦失其政，而陈涉发迹，诸侯作难，风起云蒸，卒亡秦族。天下之端，自涉发难。作《陈涉世家》第十八。

将陈涉起义同汤、武伐桀、纣，孔子作《春秋》等几件具有重大历史影响的大事相提并论，这几句表明《陈涉世家》撰写深意的话，既是进一步说明了司马迁对陈涉起义的肯定，也是司马迁对陈涉首事的历史地位、历史影响所作的评价。司马迁没有因为陈涉的失败而否定他在历史上的地位和他在历史中的影响。

在《史记》中，体现了司马迁评价历史人物的类似的价值取向的，还有对于淮阴侯韩信的评价。韩信是辅佐刘邦战胜项羽、夺得天下的功臣，但在汉初就已经被作为叛臣而遭诛杀。司马迁作《淮阴侯列传》，极力赞颂韩信政治上的远见卓识以及军事上的出奇制胜，并借萧何之口称赞韩信是"国士无双"。虽然韩信最后被刘邦置于死地，虽然他是政治斗争中的失败者，但他为汉王朝建立所做出的贡献是不可磨灭的。司马迁在《太史公自序》中说："楚人迫我京索，而信拔魏赵，定燕齐，使汉三分天下有其二，以灭项籍。作《淮阴侯列传》第三十二。"

总之，无论是荆轲，还是项羽、陈涉以及韩信，这些历史人物就个人的结局而言，无疑都是失败者，但他们或以其义行，或以其功绩，在历史上留下了影响，留下了他们的精神，留下了他们的风范与智慧。虽然他们不处在同一社会层次上，也不是因为相同的原因而导致了最后的失败，但他们都是失败者。司马迁以不同的体例去表现他们，甚至突破体例的规范去表现他们，是因为司马迁对历史人物的评价有着自己独特的价值取向，他所看重的不只是历史人物最后的成功与否，他更关注历史人物在建功立业过程中所表现出来的境界、精神与风貌。

3. "通古今之变"

司马迁著《史记》，提出了"通古今之变"的目标。这是从历史编纂学方面提出的要求，即撰写历史必须反映出历史的发展变化。从史学发展来看，这是史学家第一次明确了这样的要求和目标。这个要求和目标对于推动史学的发展和人们的历史认识的发展，都具有十分重要的意义。

（1）穷、变、通、久的思想传统

关于穷、变、通、久的思想，可以追溯至春秋战国时期。这一时期是社会大变革的时期，由于社会的急骤变化，出现于此时的诸子百家几乎都讲变。若按照章学诚"六经皆史"的说法，那么，中国史学中关于"变"的思想的出现就十分久远了。《周易·系辞下》对变的思想作了这样的阐述：

> 神农氏没，黄帝、尧、舜氏作，通其变，使民不倦，神而化之，使民宜之。《易》穷则变，变则通，通则久。是以"自天祐之，吉无不利"。黄帝、尧、舜垂衣裳而天下治，盖取诸"乾""坤"。

尽管这里讲到了"天"，讲到了取法"乾""坤"二卦，因此而具有了神秘的意味，但其主要思想是讲变化的必要性和变化对于历史的重要性。"穷"即尽头，"通"即由此到彼，往来不穷，"久"即持久。这就是说到了尽头就要变化，变化了就通畅，通畅了就能长久地存在下去。对于社会历史发展来说，只有变化，才能不穷而久。《周易·系辞下》中的这段话对于历史观念的发展具有十分重要的意义，因为它明确地指出了两点：第一，社会历史发展必须变；第二，社会历史发展只有通过变，才能"使民不倦""使民宜之"。它所阐发的这种关于事物变化的思想，可以说是"通古今之变"思想的渊源。

所谓穷、变、通、久的思想传统，"变"和"通"是其核心。《周易·系辞上》对其反复解释："阖户谓之坤，辟户谓之乾；一阖一辟谓之变，往来不穷谓之通。""阖"即闭，"辟"即开。宇宙之门一闭一开，万物一入一出，谓之变。它还说："变化者，进退之象也。"即事物的变化是旧者退去，新者进来。所以，变化的根本要义就是不断反复和创新。而"通"便是在运动中进行和实现的，"刚柔相推而生变化"(《周易·系辞上》)，"刚柔相推，变在其中矣"(《周易·系辞下》)。这就是《周易》的"以动者尚其变"的精神。关于"变通"和"通变"的含义，它作了这样的解释："广大配天地，变通配四时"；"法象莫大乎天地，变通莫大乎四时"；"通变之谓事"。(《周易·系辞上》)总的来说，"变通""通变"与天时、人事相关联。而"变通"本身也包含因时而变的意思，"变通者,趣时者也"

(《周易·系辞下》)。这同"观乎天文,以察时变;观乎人文,以化成天下"(《周易·贲卦·象传》)的意思是一致的。

《周易》讲"穷变通久",讲变通思想,对中国古代历史观念的发展,产生了深远而积极的影响。司马迁以"通古今之变"作为撰述《史记》的指导思想之一,显然是受到《周易》的通变思想极其深刻的影响。"通古今之变"既是司马迁撰述的宗旨之一,也是他的历史哲学的一个重要方面,具有丰富的内涵。

首先,司马迁撰述历史的基本方法集中体现了"通古今之变"的思想。通过记述历史人物的活动以反映历史的变化,这是司马迁撰述历史的最基本的方法。具体说来,他首先采用十二本纪的方式,通过以历代帝王为中心的"王迹"盛衰史的描写来通古今之变。接着,采用世家、列传与本纪纵横相连的方法记述历史人物,将古往今来的历史贯通起来,以便从中考察历史的发展变化。司马迁除了写历史人物之外,还通过"表""书"等形式反映历史变化。十表,按世系、年代记述五帝、夏、商、周、秦、汉各朝代及诸侯国分合盛衰的过程;八书则分别记述了古今各项制度的变化。在以上五种体例中,最为集中体现司马迁"通古今之变"的撰述宗旨的是十表。《十二诸侯年表》反映了周室衰微、诸侯专政、五霸盛衰的历史;《六国年表》反映了战国以来陪臣秉政、强国相王,至秦卒并诸夏,统一天下的历史;《秦楚之际月表》反映了秦汉之际政治形势剧变的特点,即陈涉起义、楚汉相争、刘邦称帝前后八年的历史;《汉兴以来诸侯王年表》反映了汉兴至太初年间诸侯废立分割的历史。把《三代世表》至《汉兴以来将相名臣年表》连贯起来看,则反映了从传说中的黄帝至汉武帝初年的历史变化。所以,司马迁撰述《史记》,从他所选择的表述方法中,就已经让我们深刻地认识到了他的"通古今之变"的卓越思想。

其次,司马迁对历史演进过程的认识渗透了"通古今之变"的思想。从《史记》中的《五帝本纪》至《高祖本纪》、《三代世表》至《秦楚之际月表》的序目中,尤其是后者,可清楚地看出司马迁对于历史进程的贯通古今的认识。《三代世表》《十二诸侯年表》《六国年表》与《秦楚之际月表》,分别记述了"纪黄帝以来讫共和""自共和讫孔子""起周元王元年(公元前475年)讫秦二世之灭(公元前207年)"以及"起秦二世元年(公元前209年)至汉高祖五年(公元前202年)"这四个历史时期。这四通表,在时间上前后相衔,贯通古今。将其总起来看,不仅能通观从黄帝到汉高祖五年的全部历史的发展过程,且能把握各个历史时代的特点。上述四表将我们今天所说的传说时代与夏、商、周、春秋、战国以及秦汉之际的历史脉络清晰地勾勒出来,使我们有可能在三千年历史的长河中,探索各个历史时期的特点。

司马迁通过对历史演进过程的记述,使《史记》成为在史学著作中实现通古今之变思想的范本。因此,在中国史学史上,《史记》有"迁书通变化"(《文史通义·书教下》)之称。

(2)"观事变"

在《史记·太史公自序》中,司马迁对自己写《平准书》的宗旨作了这样的说明:"维币之行,以通农商;其极则玩巧,并兼兹殖,争于机利,去本趋末。作《平准书》以观事变。"币,即货币,在此处可理解为财政。这就是说,财政措施,应该有利于农商经济事业;但是如果把这种措施推向极端,就会出现流弊,助长兼并之风,引导人们争相谋取不正当的利益,致使人们舍本逐末。司马迁因些作《平准书》以便观察世事的变化。

《平准书》首先叙述了汉统一以后至汉武帝即位多年后七十多年间社会经济由复苏渐次繁荣的事实。在这段时间内,汉朝统治者实行与民休息的政策;对商人政策上虽有一定的约束,但总体来讲还是宽松的。孝文帝时还曾一度允许百姓自己铸钱。到汉武帝初年,社会经济达到了高度的繁荣。国家没有战争,太平无事,只要不遇上水旱灾害,百姓就人人自给,家家富足。国都和边镇的粮仓都装满了粮食，国库也钱财丰足。京城国库的钱积累万万，穿钱的绳子都腐烂了，钱多得没法计数。国家粮仓的粮食年年堆积，以至腐烂。百姓家大街小巷都养有马，田野里成群……司马迁在看到经济繁荣这一面的同时，也看到了隐伏或即将出现的社会危机。在"网疏而民富"的情况下，部分人倚仗钱财骄奢放纵，有的甚至兼并土地成为豪强恶党；那些拥有不同权势的豪强大地主和公卿贵族，开始了对财富的争夺，他们争强比富，房室、车马、衣服都僭越于上，几无限度。对此，司马迁发出了这样的感叹："物盛而衰，固其变也。"意思是，经济繁荣达到极致，必然走向衰落。

司马迁以汉武帝时代所发生的社会变化作为典型个案进行了分析，对这种具有辩证因素的经济现实予以了总结。汉武帝初年，国家统一，经济发展，文化繁荣，是中国封建社会发展史上的第一个鼎盛时期。但是，汉武帝的军事、政治和经济政策，导致了整个社会经济的混乱，致使一片繁荣的社会经济很快就衰落下去。

汉武帝好大喜功，动用了大量的民力和财力，沟通西南夷。又征发巴、蜀、广汉三郡民力数万人，且"士卒多物故，费以巨万计"（《史记·司马相如列传》），攻打匈奴。武帝几乎年年攻打匈奴，每次动用兵力几万甚至十几万人，军费开支巨大。于是"兵甲之财、转漕之费不与焉"。大司农报告，国库收藏的钱币都用完了，赋税收入也枯竭了，已经没有钱来供应战士的需要。灭朝鲜，置沧海郡，其人力、物力的耗费都十分惊人。堵黄河口，修各种水渠，每次征调民力都不下几万人，且"费不可胜计"。徙贫民以充实朔方，迁徙人数共七十余万，迁徙费用以亿计。除此之外，修宫室、作柏梁台、立祠、封禅等，也耗费了巨大的人力、物力。汉武帝"外攘夷狄，内兴功业"，从一方面说，有利于社会历史的发展；但从另一方面来看，耗费如此巨大的民力和财力，无疑给人民带来了深重的灾难。司马迁说："天下苦其劳，而干戈日滋。行者赍，居者送，中外骚扰而相奉，百姓抏弊以巧法，财赂衰耗而不赡。"(《史记·平准书》)

面对如此窘迫的财政状况，汉武帝采取了一系列经济政策以解救财政危机。首先是改革钱币，实行严厉的禁铸法令。其结果是非但没有禁止住，民间铸币反而愈演愈烈。接着又推出一系列算缗、告缗、平准、均输等政策。前者是为了从商人手中夺取财富；后者则是由朝廷来垄断铸币、制盐、炼铁等经济行业，严厉禁止民间经营。与此同时，还加紧了对法律、吏治的整饬，对全国实行严厉的各种集权措施。汉武帝采取这一系列措施之后，朝廷虽在一定程度上暂时解决了财政危机，但整个社会经济却因此遭到严重破坏，正如司马迁在《平准书》最后所写的："外攘夷狄，内兴功业，海内之士力耕不足粮饷，女子纺绩不足衣服。

古者尝竭天下之资财以奉其上，犹自以为不足也。无异故云，事势之流，相激使然，曷足怪焉。"

司马迁所说的"无异故云，事势之流，相激使然，曷足怪焉"，包含着对社会历史变化的必然性的朴素认识。所谓"事势之流，相激使然"中的一个"流"字，揭示了事物、时势在纵向演进和横向影响的交互运动中向前发展的规律。纵向演进方面，司马迁从古代讲到当朝；横向影响，他讲到了君与民的关系、贫与富的关系、本与末的关系、经济与政治的关系、财富与道德的关系等。总之，社会历史的变化，是由历史的与现实的、政治的与经济的等等各种错综复杂的矛盾交织而成的。司马迁当然还不可能认识到推动社会历史变化的根本原因，但他已经明确地认识到财富、财力在社会生活中的地位的重要，甚至还能认识到财富、财力将可能导致个人甚至一个国家的统治者走向反面。他的这些认识，在当时来说，是十分卓越的。而从历史观念的发展来看，这些认识无疑已经具备某种唯物、辩证的因素，它们是要从社会内部诸方面的矛盾冲突中来寻求社会历史变化的动因。在司马迁生活的那个时代，他能够从社会生活的诸多因素入手来揭示古今历史变化的原因，这是十分难能可贵的。

司马迁在《史记·平准书》的后论中，概括了"农工商交易之路通，而龟贝金钱刀布之币兴"的历史。"农工商交易之路通"本是社会发展中的积极因素,但造成贫富分化、社会生活失调,这究竟是什么原因呢?司马迁从两个方面作了回答。第一,是"物盛则衰,时极而转,一质一文,终始之变也"。这是对事物的一种朴素的辩证认识,其基调是事物的两极分化。第二,是"事势之流,相激使然"。这是讲事物和时势在演进过程中因相互影响而造成某种必然现象的出现。在《平准书》的后论中,司马迁将这种"事势"阐述得十分清楚:经济政策的变化,民力、财力的巨大耗费,政治、军事斗争的激烈,贫富分化,诸侯兼并,崇尚金钱,币制紊乱,导致人民越来越贫困,而君主和朝廷虽"竭天下之资财"以为用,"犹自以为不足",于是,"农工商交易之路通,而龟贝金钱刀布之币兴"这一激活社会发展的机制,又反过来导致经济由繁荣走向衰落。司马迁"观事变",不仅看到了经济变化带来的社会变化,而且试图探究导致这一变化的原因。从唯物史观发展史来看,司马迁的这一认识,已经达到了他那个时代的认识的高峰。

(3)"极人变"

司马迁在说明为何而作《律书》时,还提出了"极人变"的思想。他写道:"非兵不强,非德不昌,黄帝、汤、武以兴,桀、纣、二世以崩,可不慎欤?《司马法》

所从来尚矣，太公、孙、吴、王子能绍而明之，切近世，极人变。作《律书》第三。"(《史记·太史公自序》)这说明司马迁作《律书》的目的在于：强调"兵"对于安邦治国的重要性；兵法的成功运用，必须切合近世，穷究人事的变化。

《史记》中的《律书》即《兵法》，这是许多史学家的看法。因《史记》八书目次有《兵书》《律历书》，而没有《律书》。后因《兵书》亡，好事者便将《律历书》改为《律书》《历书》以补缺。梁玉绳的《史记志疑》、王元启的《三书正伪》、赵翼的《廿二史札记》都说《律书》即《兵书》。

通观《史记》全书，记载我国古代从黄帝时的部落战争到汉武帝兵征大宛，大小战争共五百余次，设列了八十二个篇目，字数达十余万，约占《史记》全书四分之一的篇幅。如此系统地记载古代战争，这是其他任何一部古代史书所无法比拟的。《律书》是司马迁阐述他关于战争理论思想的专篇。

司马迁看到了战争的积极作用和不可避免性。他认为"非兵不强，非德不昌"，没有军队就不会强大，没有德政就不会昌盛。黄帝、商汤王和周武王因为深明这个道理，所以功业兴盛；夏桀王、商纣王和秦二世因为不明白这个道理，所以败亡。军队和德政是保国安民的两件不可缺一的工具。于是圣人便以军队来"讨强暴,平乱世,夷险阻,救危殆"(《史记·律书》)。司马迁认为,讨伐强暴势力,平定混乱的社会局面是理所应当的事情。他批评当时社会上的一些儒生不明大法大理,不权衡利害得失,只奢谈以德化人,盲目指责动用武力的做法,认为这种做法会导致的结果是:大至国君受辱、领土失守,小则也不免使国家受到侵犯以致地削国衰。所以,他认为,家庭不能废去管教的竹鞭,国家不能捐弃刑罚,天下更不能偃息诛伐。司马迁认为兵事作为一种统治手段、一种政治工具,对维护政权的统治和国家的安危起着至关重要的作用。司马迁这位伟大的史学家,对"兵"与政治、"兵"与国家之间的关系,有了某种直观、朴素的认识。

司马迁关于战争的思想并没有仅仅停留在阐述战争的重要意义上,而是就战争"用之有巧拙,行之有逆顺"的区别,提出了"切近世,极人变"的辩证思想。这是十分难能可贵的。

所谓"用之有巧拙",这涉及战争方略的制定、将相人才的选择等方面。《史记》中载述了古代帝王将相善战者60余人。司马迁高度评价了司马穰苴、太公、孙子、吴起等人的兵法,称赞他们的兵法是对《司马法》的继承与发展。司马穰苴即田穰苴,春秋时齐国大夫,官司马,所以又称为司马穰苴。司马穰苴深通兵法,奉齐景公命击退晋、燕军队，收复失地。太公即姜尚，他辅助文王、武王治理周族，训练军队，消灭商纣。孙子为我国春秋时期著名军事指挥家。他以兵法求见吴王阖闾，被任为将，西破强楚，北威齐、晋。他所著《孙子兵法》13篇，为我国古代杰出的兵书。吴起为战国初期杰出的政治家、军事家。吴起善用兵，曾在鲁国为将，后游历到魏国，被魏文侯起用为大将。魏文侯命其率军攻打秦国，夺取了秦国的河西之地。作为一位杰出的军事家，他的兵书在先秦、秦汉时期与《孙子兵法》齐名。司马迁称赞这些著名的军事家"切近世，极人变"，故对《司马法》"能绍而明之"。这就是说，太公、孙子、吴起，他们之所以能成为杰出的军事家，能成功地继承和发展《司马法》，是因为他们切合了近世的情况，极尽了人事的变化。

司马迁说的"行之有逆顺"，这涉及战争的性质问题。战争有顺天而行的正义战争，也有逆理而动的非正义战争。司马迁认为圣人运用武力"讨强暴，平乱世，夷险阻，救危殆"，便是正义的，反之则是非正义的。他肯定黄帝、秦始皇、汉高祖所进行的诛暴平乱、统一天下的战争；否定蚩尤作乱、项羽分裂天下、汉初七国叛逆。他颂扬汤、武兴起、陈涉发难等有道伐无道的革命战争，反对暴虐人民的昏乱之君，认为桀、纣、二世败亡是罪有应得。他颂扬诛暴战争,反对穷兵黩武的战争。"行之有逆顺"的提法,不仅渗透着司马迁关于战争性质的评价,而且充分体现了他的"切近世,极人变"的辩证思想。司马迁是在历史的进程中叙述战争,因此,司马迁对战争性质的确定,一定程度上也取决于战争对于历史进程所具有的意义。比如,司马迁在一开始肯定汉武帝反击匈奴,但是,当汉武帝将反击演变为黩武时,司马迁便极力赞美汉文帝偃武修文而不论汉武帝之用兵,以此讥刺汉武帝的穷兵黩武。可见司马迁对于战争性质的评价,是基于对具体情势、人事变化的考察来确定的。

司马迁在《史记·太史公自序》中已经说得很清楚,他写八书是为了穷通天人关系与古今变化,其中《历书》《天官书》《封禅书》专讲天人之间的事情,叙述历法、天文、封禅祭祀等方面的变化。《河渠书》集禹以来历代治水的业绩。《平准书》讲西汉前期朝廷的经济政策,着重讲述汉武帝的经济政策及其引起的社会各方面的重大变化。《律书》则主要讲述了战争对于国家、对于政治所具有的重要作用,用兵不同,所带来的谋略与战争性质也不同,而要取得战争的胜利,就必须把握住具体情势与人事的变化。"天人之际,承敝通变"八个字,足以概括"八书"的旨趣。

（4）"略协古今之变"

司马迁在《史记·太史公自序》中写道："维三代之礼，所损益各殊务，然要以近性情，通王道，故礼因人质为之节文，略协古今之变。作《礼书》第一。"

礼是统治集团按等级关系制定的社会伦理制度。在汉代，三纲五常是礼的主要内容。三纲是君为臣纲、父为子纲、夫为妻纲，五常是君臣有义、父子有亲、夫妇有别、长幼有序、朋友有信。贵贱尊卑都有着明确的等级规定和从属关系。这种等级的区分，在日常的衣食住行中有着明确的标志，服饰、颜色、车骑、冠戴，均有严格规定，上下不可逾越。这种礼制是为巩固等级制度服务的，僭越礼制则意味着社会动乱，所以司马迁将《礼书》列为八书之首。

在《礼书》中，司马迁对礼的起源乃至古今的变化都作了详细的论述。他说：主宰天地万物，奴役驱使众民，难道仅仅凭人的权力就可以做到吗？经过考察夏、商、周三代礼制变化的情况，才知道礼仪的起源是："缘人情而制礼，依人性而作仪，其所由来尚矣。"那么礼仪的意义和作用是什么呢？司马迁以为：治人之道，千头万绪，而礼仪制度，无不贯通，用仁义来诱导人们进取，用刑罚来督促人们安分守己。所以，道德高尚的人地位尊贵，俸禄厚重的人备受荣耀恩宠，这便是统一海内，使万众步调一致的方法。接下来司马迁列举了人们各种各样的欲望,为了防止淫靡奢华,挽救过于讲求雕饰、排场的弊病,上至朝廷的君臣礼仪、尊卑贵贱,下至黎民百姓的衣食住行、婚丧祭祀,都有鲜明的等级界线,万事都有适当的分寸,万物都有节制的条文。但是,周王朝衰微后,"礼废乐坏",以至于诸侯、卿、大夫们,大小等级互相超越,循规蹈矩、守法正直的人在社会上被欺侮,而奢侈过分、越级悬殊的人反倒被说成是显贵荣耀。连孔子的高足子夏,面对这一社会现实都难以作出抉择,更何况那些中等以下的普通人。孔子想要"正名",可是在他死后,他的学生都没能把他的事业继承下去,真令人痛心!到了秦统一天下,"悉内六国礼仪,采择其善"。虽然这不符合圣王之制,但其核心仍为"尊君抑臣",所以朝廷上下秩序井然。可以说秦朝还是沿袭了古代的礼仪。到了汉高祖广有四海以后,"叔孙通颇有所增益减损,大抵皆袭秦故"。这也就是说,汉朝用的是秦朝的礼仪制度。按照司马迁的观点,从秦代开始,礼已经"不合圣制",这说明古今之礼不同,秦汉之礼已经变了。直到武帝时,"招致儒术之士,令共定仪,十余年不就"。后来皇上给御史大夫下了诏书,要他们顺应民情而制作礼仪,追随风俗而改定制度。于是,"乃以太初之元改正朔,易服色,封太山,定宗庙百官之仪,以为典常,垂之于后云"。这同"缘人情以制礼,依人性而作仪"的古制相去甚远,说明古今之礼仪已大大变化了。

司马迁在《史记·太史公自序》中说:"礼乐损益,律历改易,兵权山川鬼神,天人之际,承敝通变,作八书。"说明他作八书,就是为了探寻典章制度的变化。从司马迁对作《礼书》所作的解释来看,他"略协古今之变"的意义当在于,从三代之礼各因时代需要而有所损益、变迁这一历史变化中求得古今之变的规律,这就是"故礼因人质"而作用于现实社会。司马迁的这种关于古今关系的思想,渗透于他的历史认识之中。

司马迁在《史记·高祖功臣侯者年表》序中说:"居今之世,志古之道,所以自镜也,未必尽同。帝王者各殊礼而异务,要以成功为统纪,岂可绳乎?观所以得尊宠及所以废辱,亦当世得失之林也,何必旧闻?"太史公关于古今关系之辩证认识在这里得到充分体现。他不仅阐述了通古今之变,是为了"自镜",且进一步强调帝王要根据现实的变化施事,"以成功为统纪",不可拘泥,其成败应于当世得失中寻找原因,不可一概求之于古。古与今既有联系,又有区别,不可混同古今,不可以今泥古。

司马迁关于古今关系的认识相当深刻。第一,在观察历史的视野上,着眼于贯通古今和历史进程的连续性,即"略推三代,录秦、汉,上记轩辕,下至于兹",认为汉代的历史是"继五帝末流,接三代绝业"。(《史记·太史公自序》)这样看历史,反映出司马迁对于历史进程的卓越见解。这是"通古今之变"的最基本的要求。第二,在这一认识之中贯穿着历史变化与历史进化的观点。司马迁对于古今关系的认识不仅仅在于"通古今",还在"通古今"的基础上阐述了历史的变化以及从历史变化中找出历史进化的规律。他的这种见解,在本纪、诸表和八书中都有明确的表述。如他在《太史公自序》中对作八书的目的解释说,"礼因人质为之节文,略协古今之变",认为礼本身就是为适应古今形势的变化而制订的;"乐者,所以移风易俗也……比《乐书》以述来古,作《乐书》第二",考察自古以来乐的兴废;太公望、孙武、吴起、王子成甫等对古代兵书《司马法》"能绍而明之,切近世,极人变"。这些都是以贯通古今变化为撰述的主旨。在考察古今变化时,司马迁充分肯定历史是在进化的。他在《六国年表》序中写道:"秦取天下多暴,然世异变,成功大。"尽管司马迁在许多地方批评秦朝以苛法役民,但他从历史进化的观点出发,还是充分肯定了秦朝在历史发展上的重大作用。通过司马迁的历史视野,我们看到了社会的进步与历史的发展。第三,司马迁在阐述古今历史变化时更为注重的是对历史变化原因的探索。《太史公自序》说,"桀、纣失其道而汤、武作,周失其道而《春秋》作。秦失其政,而陈涉发迹"。司马迁不仅叙述了历史的变化，而且对引发历史变化的原因作了说明，论证了汤、武革命，仲尼作《春秋》，陈涉发难，都是由于当政者"失其道""失其政"而引起的。司马迁在《高祖本纪》中论道："周秦之间，可谓文敝矣。秦政不改，反酷刑法，岂不缪乎？故汉兴，承敝易变，使人不倦，得天统矣。"司马迁在强调历史不断演变和进化的同时，指出了秦朝因不思救敝，反而变本加厉地依赖严刑酷法，导致二世而亡；汉因"承敝易变"，顺民之俗而兴。对历史变化原因的探索，较之单纯对于历史变化现象的叙述，显然是一种更为深刻的历史认识。第四，司马迁叙述历史的方法是略古详今。通观《史记》，对夏、商、周时代的历史记述简略，稍事勾勒；对战国至秦汉的历史则条分缕析，详细记述。在《六国年表》中，他强调"法后王"，认为后王的历史经验比先王的传闻更切近现实。"战国之权变亦有可颇采者，何必上古……传曰'法后王'，何也？以其近己而俗变相类，议卑而易行也。""帝王者各殊礼而异务，要以成功为统纪……观所以得尊宠及所以废辱，亦当世得失之林也，何必旧闻？"（《史记·高祖功臣侯者年表》）一切从现实社会的需要出发，一切立足于现实社会。司马迁的这种关注现实的眼光，使史学在现实生活中具有了更为重要的意义。

司马迁著《史记》,提出了"通古今之变"的目标,其史学价值和认识价值都闪烁着耀眼的光辉。东汉史学家班彪、班固父子对《史记》尽管有激烈的批评,但对《史记》的通与广还是给予了充分的肯定:"采获古今,贯穿经传,至广博也。"(《后汉书·班彪列传》)宋代史家郑樵也认为,孔子和司马迁是深谙"会通之义"的大史家。(《通志》)清代史家章学诚进而以"通史家风"这个新概念总结了《史记》"通古今之变"所开创的优良传统。(《文史通义·申郑》)

五 《史记》提供的历史经验

史学的一个重要功能,是从对于历史的描述中,以各种不同的形式总结出人们在历史活动中的经验教训。这些经验教训涉及人类社会生活的许多方面,其中以政治上的得失成败最为史学家所关注。古往今来,人们常说的"以史为鉴",即前人在治国安邦方面的得失成败以及国家的治乱盛衰之故,当是其中一个重要的内容。从这个意义上说,《史记》最重要的历史价值在于它详尽而深刻地总结了秦汉之际的历史经验。这是司马迁奉献给当时和后来的人们的一笔巨大的精神财富。

1. "稽其成败兴坏之理"

《报任安书》是司马迁在汉武帝太始四年(公元前93年)十一月写给他的朋友任安的信。司马迁在这封信里详细叙说了自己因李陵案而受腐刑的始末,揭露和批判了汉武帝的是非不明、专断不公,十分悲愤地倾诉了自己隐忍苟活、发愤著《史记》的痛苦,通篇语言悲婉凄凉,慷慨深沉。

司马迁在痛苦中懂得了人生的意义,他决心化悲痛为力量发愤著书。他以古人自况,认为只有那些能够经受住艰难环境磨炼的人才能成就一番事业,只有卓越非凡的人才能垂名后世。他决心以周文王、孔子、屈原、左丘明、孙子、吕不韦、韩非等为榜样,引退著书以抒发愤懑,留下文章议论来表明自己。于是,司马迁将满腔的热情倾注于《史记》的撰述之中。他搜罗天下散失了的遗闻旧事,考核历史事实,研究事业成败的原因,探索朝代兴衰的道理。如果说司马迁仅仅是为了发泄愤懑之情而著《史记》,似乎忽视了司马迁思想中的理性之光,倘若没有一种史学家的自觉责任意识,他怎么可能具有如此的气魄与自信:"考之行事,稽其成败兴坏之理……亦欲以究天人之际,通古今之变,成一家之言。"(《汉书·司马迁传》)司马迁在《史记·太史公自序》中说:"上明三王之道,下辨人事之纪,别嫌疑,明是非,定犹豫,善善恶恶,贤贤贱不肖,存亡国,继绝世,补敝起废,王道之大者也。"对于一位史官来说,这就意味着不仅要记述过去所发生的一切事实,还要"上明三王之道"即寻求历史发展的规律,"下辨人事之纪"即探明人事活动的纪纲。另外,史家还应透过纷繁复杂的历史现象,以史家独特的眼光,辨别嫌疑,明断是非,扬善抑恶,坚持正义,从亡国绝世的经验教训中汲取推动历史前进的力量。司马迁的史家意识是鲜明而强烈的,正如他自己所说:"且余尝掌其官,废明圣盛德不载,灭功臣世家贤大夫之业不述,堕先人所言,罪莫大焉。余所谓述故事,整齐其世传,非所谓作也。"(《史记·太史公自序》)他认为,作为一名史官,如果不能将圣明天子的大德以及功臣、贵族、贤能大夫们的功业记载下来,忘却先人的遗言,就是一种失职,一种罪过。史家的责任便在于通过记述过去的事实,揭示出历史发展的真理。而具有世代传承意义的事物,不就是一种历史的真理吗?司马迁探索历史真理的勇气来自他那强烈的史学家的责任感。所以,司马迁在给任安的信中说要"稽其成败兴坏之理",似乎是在说明他写作《史记》的目的,其实从某种意义上说,他是在真正地履行着一位史学家的历史使命与历史责任。

"稽其成败兴坏之理"作为司马迁治史的出发点而贯穿于《史记》之中。通过对具体历史事实的考察,司马迁从以下几个方面总结了历代治乱兴衰之故。

成败兴坏在于人心向背。司马迁在《史记》中指出,三代之王都是因祖上积德累善而赢得了百姓的拥戴。"昔虞、夏之兴,积善累功数十年,德洽百姓";"汤、武之王,乃由契、后稷修仁行义十余世，不期而会孟津八百诸侯"（《史记·秦楚之际月表》）；武王伐纣，"纣师皆倒兵以战，以开武王"，"武王至商国，商国百姓咸待于郊"（《史记·周本纪》）；秦之亡，是因为"天下同心而苦秦久矣"（《史记·张耳陈馀列传》）。楚汉相争，民心向背的作用更为显明。刘邦因深得人心，所以西进之时，"诸所过毋得掠卤，秦人憙，秦军解"（《史记·高祖本纪》）。而项羽西进，"所过无不残灭者，天下多怨，百姓不亲附，特劫于威强耳。名虽为霸，实失天下心。故曰其强易弱"（《史记·淮阴侯列传》）。楚亡汉兴，民心向背起了决定性的作用。

成败兴坏与修德行德。司马迁以具体的历史事实说明"德治"对一个朝代兴亡成败所具有的意义。他在《史记·五帝本纪》中说："炎帝欲侵陵诸侯，诸侯咸归轩辕。轩辕乃修德振兵，治五气，艺五种，抚万民，度四方……诸侯咸尊轩辕为天子，代神农氏，是为黄帝。"在《史记·夏本纪》中，他记载了"桀不务德"而亡，"汤修德"乃"践天子位"的事；在《史记·殷本纪》中，记载了太戊"修德"、武丁"行德"而去灾异，"殷道复兴"的事。在《史记·陈杞世家》后论中他对"德治"的作用作了进一步的叙述："舜之德可谓至矣！禅位于夏，而后世血食者历三代。及楚灭陈，而田常得政于齐，卒为建国，百世不绝，苗裔兹兹，有土者不乏焉。"司马迁用充分的历史事实说明，一个最高统治者实行"德治",不但可以保当世的统治无患,还能远荫子孙,使他们的统治地位长久不衰,昌盛繁荣。

国家兴亡与用人得失。司马迁对于贤相良将治平天下的作用有着深刻的认识。他说:

> 国之将兴,必有祯祥,君子用而小人退。国之将亡,贤人隐,乱臣贵……贤人乎,贤人乎!非质有其内,恶能用之哉?甚矣,"安危在出令,存亡在所任",诚哉是言也!(《史记·楚元王世家》)

三代的兴亡如此,春秋列国的争战如此,楚亡汉兴尤其如此。他十分感慨地说:"尧虽贤,兴事业不成,得禹而九州宁。且欲兴圣统,唯在择任将相哉!唯在择任将相哉!"(《史记·匈奴列传》)用贤相良将以治平天下的思想贯穿《史记》全书。司马迁指出,春秋时,齐桓公因得管仲而"九合诸侯,一匡天下"(《史记·管晏列传》)。战国时,因乐毅、田单施奇计,"遂存齐社稷"(《史记·太史公自序》)。秦能卒并天下,是因为秦孝公用商鞅,民富国强;秦惠文王用张仪,连横告成;秦昭襄王用白起,破赵长平;范雎建远交近攻之策,击破东方六国;秦始皇奋六世之余烈,在李斯、王翦、蒙恬等人的辅佐下,终于一统天下。楚亡汉兴的历史,更可以说是一部贤相良将辅佐刘邦打天下、治天下的历史。司马迁通过对三代兴亡、春秋争战、楚亡汉兴历史的考察，深刻揭示出用人之得失直接关系到国家之兴亡的真理。

司马迁不愧为一位伟大的历史学家，他以极其广阔的历史视野，从社会历史发展的诸多方面总结了社会历史发展的"成败兴坏之理"，司马迁既是站在现实的高度，冷静而严肃地总结历史的经验教训；同时又是以深邃而卓越的历史眼光，面对他所处时代的现实问题。稽"成败兴坏之理"既是对历史的总结，也是为解决现实问题寻求指导。

中国传统史学从《尚书》《春秋》以来，特别是司马迁提出"稽其成败兴坏之理"的治史目标以后，重视总结和阐述治乱兴衰、得失成败的原因和规律已成为中国史学之传统。司马迁的"稽其成败兴坏之理"的治史思想，是在继承传统史学思想的基础上，更为明确、直接地提出了史家的这一历史使命。继司马迁之后，众多史家将这一史学传统上升到理论的高度，提出了自己的看法。唐代史家刘知几说："史之为务，申以劝诫，树之风声。"（《史通·直书》）司马光主持撰写《资治通鉴》，是希望最高统治者"监前世之兴衰，考当今之得失"（《进〈资治通鉴〉表》）。清人王夫之将这一史学传统阐述得更为深入和明确："所贵乎史者，述往以为来者师也。为史者，记载徒繁，而经世之大略不著，后人欲得其得失之枢机以效法之无由也，则恶用史为？"（《读通鉴论》卷六）王夫之认为，历史著作应写出历史人物"经世之大略",使后人可以从中窥见其"得失之枢机"即得失之关键所在。近代史学家梁启超曾倡言"新史学",积极主张史学应当"为生人——今人或后人而作"(《中国历史研究法》)。

如果我们能从更宽泛的意义上来理解"成败兴坏之理",那它就不仅仅只是朝代的兴衰、存亡,而是具有丰富内涵的各种历史经验和教训,其中不乏某种规律性的认识。司马迁"稽其成败兴坏之理"的治史方法,蕴含着他卓越的思想和丰富的智慧。

2. "逆取"与"顺守"

司马迁在探讨秦汉之际"成败兴坏之理"时,十分重视对"逆取"而"顺守"这一历史经验的阐述。他深刻地意识到"逆取""顺守"之理是由兴衰存亡的历史积淀而成,其中蕴含着丰富的治国之道。他通过对秦国的兴起与灭亡、项羽的失败与刘邦的成功、汉初统治者的基本国策的阐释,揭示出这一历史经验的意义与价值。

秦国的兴起与灭亡,司马迁借用贾谊的《过秦论》对这一问题进行了评论。贾谊《过秦论》分析秦国自缪公以来不断强大并最终统一全国的原因主要有三条:一是有利的地理形势,即所谓"被山带河以为固,四塞之国也";二是能用人,"当此之世,贤智并列,良将行其师,贤相通其谋",同时还采取了"安土息民,以待其敝"的政策;三是得力于商鞅变法和张仪之谋,"内立法度,务耕织,修守战之备,外连衡(横)而斗诸侯"。以上三条即地理形势、用人、改革是秦国强大的主要原因。所以,到了秦王嬴政时,才可能"奋六世之余烈,振长策而御宇内,吞二周而亡诸侯,履至尊而制六合,执敲扑以鞭笞天下,威振四海",成就统一大业。但秦朝的崛起并未带来长治久安,反倒招致速亡,原因何在?贾谊在《过秦论》中从多方面进行了分析与评论:"秦王怀贪鄙之心,行自奋之智,不信功臣,不亲士民,废王道,立私权,禁文书而酷刑法,先诈力而后仁义,以暴虐为天下始。夫并兼者高诈力,安定者贵顺权,此言取与守不同术也。秦离战国而王天下,其道不易,其政不改,是其所以取之守之者无异也。孤独而有之,故其亡可立而待。"(《过秦论》,见《史记·秦始皇本纪》)贾谊认为,秦朝之所以速亡,不仅是由于秦始皇的刚愎自用,更重要的是没有制定守成的法度,没有以"王道""仁义"去代替"私权""诈力",而是用取天下的办法去治天下,这就必然导致迅速地亡国。贾谊明确指出,"攻守之势异也""取与守不同术也"。秦始皇不懂得这个道理,兼并时期与安定时期采取了同样的政策,所以导致了秦朝的灭亡。司马迁虽以贾谊的《过秦论》批评秦朝统治者的为政之失,实则充分表达了自己的看法。

项羽的失败与刘邦的成功也给人以深刻的启示。出于对项羽英雄气概和直率性格的赞赏,司马迁对项羽这位失败的英雄确实带有几分同情,但身为历史学家的使命与责任,又使他对项羽失败的分析更为冷静与理智。他批评了项羽的刚愎自用、不懂得罗织人才和总结经验教训,甚至面对失败还认为是"天亡我,非战之罪也"(《史记·项羽本纪》)的错误认知。英雄的悲剧,就在于当他从轰轰烈烈走向失败时,仍然不知何以失败,至死不悟。与项羽的失败相反,刘邦则由弱小走向了成功。在楚汉战争中,刘邦多次失败,以致父母、妻子都成了项羽的俘虏,为什么最终却获得了成功?司马迁在《史记·高祖本纪》中说:"秦政不改,反酷刑法,岂不缪乎!故汉兴,承敝易变,使人不倦,得天统矣。"项羽"欲以力征经营天下",而刘邦则是"承敝易变",即对过去的弊病加以革除,顺民之俗,将政治得失与人心向背紧密联系在一起,刘邦是懂得政治大局的。经验与教训,成功与失败,竟是如此地泾渭分明。刘邦在楚汉战争中获得成功,原因当然是多方面的,但"承敝易变",顺应民心,无疑是最根本的原因。

汉初统治者制定的国策,为其统治的巩固、经济的发展带来了深刻的影响。谈到汉初国策的制定,就要从陆贾以及他在汉初所做的一件具有重大历史意义的事情说起。陆贾是楚地人,因有辩才而从刘邦定天下,并深得刘邦的信任。陆贾时常在刘邦面前称引《诗》《书》。刘邦骂他说："你老子的天下是从战马上取得的,哪里需要《诗》《书》!"陆贾回答说:"居马上得之,宁可以马上治之乎?且汤武逆取而以顺守之,文武并用,长久之术也。昔者吴王夫差、智伯极武而亡;秦任刑法不变,卒灭赵氏。向使秦已并天下,行仁义,法先圣,陛下安得而有之?"(《史记·郦生陆贾列传》)刘邦听了陆贾的这番话,心中很不愉快,面有惭色。但他从陆贾的话中获得了启示,所以他命陆贾总结秦何以失天下、汉何以得天下及往古成败之国的历史经验。陆贾便粗略地论述了国家存亡的历史,一共著述了十二篇。他每奏上一篇,刘邦都表示称赞。陆贾写的书被称为《新语》。刘邦这个人的文化素养并不高,有时还带有几分无赖的习气,但他毕竟是一位政治家,所以他能够采纳臣下的合理建议。作为汉初统治者,能如此重视对历史经验的总结,显然是明智之举,而这对于西汉初年乃至西汉前期基本国策的制定和贯彻,无疑产生了重大影响。尤为值得注意的是,陆贾总结出的"逆取而以顺守之"这一历史经验,深刻地揭示出了夺取天下和治理天下有着根本的区别,对不同的历史情势应采取不同的治国方略。陆贾针对汉初统治者亟待巩固统治、发展经济的历史现实,引导统治者思考"逆取而以顺守之"这一历史经验教训,从现实出发,调整治国方略,采取顺应民心的政治举措,这对汉初社会的稳定与发展起到了极其重要的作用。汉初社会得以迅速恢复和发展，无不与此有着密切的联系。

司马迁在《史记·吕太后本纪》中指出："孝惠皇帝、高后之时，黎民得离战国之苦，君臣俱欲休息乎无为，故惠帝垂拱，高后女主称制，政不出房户，天下晏然。刑罚罕用，罪人是希。民务稼穑，衣食滋殖。"《吕太后本纪》所记述的史事，大多是关于诸吕同刘氏宗室及开国功臣争夺权力的斗争，是关于吕后在这个斗争中的种种残酷手段。从上文所引司马迁语来看，他在总结惠帝、吕后统治时期的功过得失时，并没有局限于统治集团内部的纷争，而是更着眼于这一时期的总的社会发展趋势。这正是司马迁历史见识的卓越之处。而所谓"君臣俱欲休息乎无为"同陆贾提出的"逆取而以顺守之"的历史经验是一脉相承的，这里贯穿着一个基本的国策，即顺应民心，与民休息。这一国策在文、景时继续得到贯彻，在惠帝、吕后时期"民务稼穑，衣食滋殖"的基础上，进而发展为"海内殷富，兴于礼义"的局面。可见，顺应民心、与民休息、发展生产这一治理天下国策的制定和持续贯彻，不仅使汉初的社会经济得以迅速恢复，更为之带来了发展和繁荣。

司马迁显然十分重视对这一历史经验的总结。关于秦国的兴起与灭亡，他在《史记·秦始皇本纪》中，极力推崇贾谊的评论："善哉乎贾生推言之也！"而贾谊评论秦朝兴亡的一个重要观点,便是"夫并兼者高诈力,安定者贵顺权,此言取与守不同术也"。汉初统治者能坐稳天下,其社会经济由恢复走向繁盛,以至于文帝时"会天下新去汤火,人民乐业,因其欲然,能不扰乱,故百姓遂安"(《史记·律书》),这是因为从汉高祖刘邦开始,经由惠帝、吕后、文帝、景帝相继执行了"从民之欲"的基本国策。司马迁对"顺守"这一历史经验作了具体而生动的总结。

司马迁对秦汉之际历史经验的总结,可以说是《史记》中最为丰富、最为精彩的部分。其中关于"逆取"与"顺守"之理的论述,表现出这位伟大历史学家深邃而卓越的历史见识。无论是称赞萧何辅佐刘邦,"谨守管籥,因民之疾秦法,顺流与之更始"(《史记·萧相国世家》),还是借用贾谊的看法说明"取与守不同术也",以及转述陆贾"逆取而以顺守之,文武并用,长久之术也"的观点,不仅是对汉初知识分子认识历史的经验的总结,同时也是在阐发他自己对历史的认识。由他的历史认识所揭示出来的不仅是夺取天下与治理天下必须采取不同的治国方略,更为深刻的是,他对这一问题的思考,已将这一问题引向统治者如何顺应历史发展趋势、如何把握历史发展趋势的高度。

3. "物盛而衰,固其变也"

司马迁在《史记·太史公自序》中谈到撰述《本纪》的原则,对于历代帝王业绩要"原始察终,见盛观衰",即推究其何以始,详察其何以终;于其极盛时看到它日渐衰落的迹象。这里讲的"见盛观衰",主要是针对政治形势说的。通过对历史上经济现象的考察,司马迁又提出了这样的认识:"农工商交易之路通,而龟贝金钱刀布之币兴焉……《书》道唐、虞之际,《诗》述殷、周之世,安宁则长庠序,先本绌末,以礼义防于利;事变多故而亦反是。是以物盛则衰,时极而转,一质一文,终始之变也。"(《史记·平准书》)这是从教化、礼义和物质财富的关系上总结出了"物盛则衰,时极而转"的历史经验。在《平准书》里,司马迁还从当代社会所积累的巨大财富中看到了法制被破坏、社会矛盾加剧和世风败坏的危机。对此,他并不奇怪:"物盛而衰,固其变也。"可见,"物盛则衰,时极而转"的观点,是司马迁通过对历史现象的概括而形成的一种带有理性色彩的历史认识。

"物盛而衰,固其变也"的观点,是司马迁对汉兴七十多年以来历史发展变化的总结。汉初实行无为政治,除秦苛法,推行了一系列约法省禁、与民休息的政策,为惠帝、吕后、文帝、景帝时的社会安定、生产发展奠定了基础，故而出现了汉兴以来的盛世。汉武帝即位之后，政治上从无为转向多欲，经济上从人们自由买卖转向国家垄断，思想文化上从崇尚黄老转向独尊儒术。雄才大略的汉武帝利用汉兴七十余年以来"海内艾安，府库充实"（《汉书·公孙弘卜式儿宽传》）的政治、经济形势，进行了大规模的对外征伐、对内兴作，从而将西汉推向了极盛："汉兴以来，至明天子，获符瑞，封禅，改正朔，易服色，受命于穆清，泽流罔极，海外殊俗，重译款塞，请来献见者，不可胜道。"（《史记·太史公自序》）在讴歌汉武帝丰功伟绩的同时，司马迁已经敏感地觉察到了潜藏在鼎盛局面下的衰落危机。所以，在《平准书》中，他意味深长地以秦喻汉，希望汉武帝能从历史的教训中获得启示。他说："及至秦，中一国之币为二等……然各随时而轻重无常。于是外攘夷狄，内兴功业，海内之士力耕不足粮饷，女子纺绩不足衣服。古者尝竭天下之资财以奉其上，犹自以为不足也。无异故云，事势之流，相激使然，曷足怪焉。"司马迁认为，秦统一天下之后，不注意发展经济，随意变革币制搜括民财，集天下之财，用于"外攘夷狄，内兴功业"，以致"海内之士力耕不足粮饷，女子纺绩不足衣服"，而统治者"犹自以为不足"。由于统治者对资财的追逐和积聚，造成贫富分化，社会生活失调，从而改变了当初"农工商交易之路通，而龟贝金钱刀布之币兴"那种古朴的社会秩序。结果,统一的秦王朝走向了它的反面,由强变弱,直至迅速灭亡。社会历史之所以发生如此变化,其原因就在于"物盛则衰,时极而转,一质一文,终始之变也";也是"事势之流,相激使然"。司马迁从秦汉历史中总结出的这一认识,包含着丰富而朴素的辩证思想。

先秦以来的一些哲学典籍里已阐发过物极必反的思想,老子就曾对事物的对立转化作了这样的论述:"祸兮,福之所倚;福兮,祸之所伏。"(《老子·五十八章》)老子认为祸福是互相转化的。与此同时他还进一步论述了由福向祸的转化:"持而盈之,不如其已;揣而锐之,不可长保;金玉满堂,莫之能守;富贵而骄,自遗其咎。"(《老子·九章》)"盈"即表示事物达到了一定的限度,"保此道者不欲盈。夫唯不盈,故能蔽不新成"(《老子·十五章》)。只有保持"不盈",才可能不向相反的方面转化,这也就是说,达到了"盈",便会转向相反的方面。老子还说,"物壮则老"(《老子·五十五章》),也是指事物达到一定限度,便会向相反的方面转化。总之,老子的思想揭示了事物间的对立转化关系。司马迁提出"物盛而衰,固其变也"的观点,首先是因为他看到了"盛"与"衰"是作为事物的两个相对立的方面而存在的,"盛"与"衰"之间有着相互渗透、相互转化的关系。正是基于对"盛"与"衰"之间辩证的对立统一关系的认识,司马迁才可能提出"物盛而衰，固其变也"的命题。

对于这一命题，有人从史学的角度予以思考，认为这是司马迁记述历史、通古今之变的基本方法。也有学者认为"见盛观衰"是司马迁考察历史的主要方法，反映出他能以发展的、变化的眼光观察历史、研究历史。无论从何种角度看待这一命题，都表明司马迁对于社会历史发展有一种极其敏锐的洞察力。

作为一位伟大的历史学家，构成司马迁史学思想、历史意识最深层内核的，是他关于历史是变化的和前进的观念。阐述"变"的思想，体现在他撰述《史记》的字里行间，渗透于他对具体历史演变过程的思考之中。

"物盛而衰，固其变也"体现出来一种基本的史学思想或历史意识，即历史是变化的；但作为治国安邦、兴衰得失的历史经验，其内涵更是丰富的，它不仅包容了"变"这一基本内容，且揭示了如何变的问题。"物盛而衰"是因为"盛"中孕育着"衰"，社会历史发展达到极盛时，其中必然潜隐着某种社会政治、经济矛盾，倘若不能及时发现矛盾，解决矛盾，社会历史便将由"盛"转"衰"。作为一种历史经验，"物盛而衰，固其变也"的意义与价值，在于它深刻地揭示了社会历史演进过程中的这一辩证关系。

司马迁"网罗天下放失旧闻，考之行事，稽其成败兴坏之理……亦欲以究天人之际，通古今之变，成一家之言"（《汉书·司马迁传》），无论从其主观意识还是从其客观效果来看，他所寻求的已不是一般意义上的历史经验，更确切地说，他留给我们的宝贵财富，是对于社会历史发展的朴素的、唯物辩证的认识成果。

六 《史记》与中国史学

《史记》在我国古代史学史上树起了一座巍峨的丰碑,它将中国史学引向了一个新的历史发展阶段。此后的历代王朝纷纷仿效《史记》体例,写出了洋洋大观的纪传体正史。《史记》对中国史学传统的形成和发展产生了巨大而深远的影响。

1. 正史的开山

关于正史这一名称,较早出现于南朝梁人阮孝绪撰写的《正史削繁》一书。以后唐初官修的《隋书·经籍志》明确将纪传体史书称为"正史"。《隋书·经籍志》把史部书分为十三大类,第一类即是"正史",著录自《史记》以下至南北朝诸史以及关于以上诸史的集注、集解、音训、音义、驳议等著作。后来的《旧唐书·经籍志》,《新唐书》

和《宋史》的《艺文志》，清修《四库全书总目》，以及大多数私人撰写的历史文献著作、目录学著作均沿用此说。正史即中国封建社会史学的代表性著作，也就是通常所说的二十四史。

正史从其体例的创立到其规范格局的确立，是由《史记》与《汉书》共同完成的。

《史记》诞生以前，古史大都以编年为主。刘知几认为：《春秋》家者，其先出于三代……孔子曰，'疏通知远，《书》教也'；'属辞比事，《春秋》之教也'。知《春秋》始作，与《尚书》同时。"（《史通·六家》）杜预在解释《春秋》书名时说："春秋者，鲁史记之名也。记事者，以事系日，以日系月，以月系时，以时系年，所以纪远近，别同异也。故史之所记，必表年以首事，年有四时，故错举以为所记之名也。"（《春秋经传集解序》）这就是说，编年史体之所以称为"春秋"，就是因为其书是以年为纲。此后仍然有许多编年体的史书沿用这一名称，如《吴越春秋》《楚汉春秋》等。春秋时期各国史官编写的编年体史书通称为"春秋"。墨翟曾说："吾见'百国春秋'。"（《隋书·李德林列传》）可惜那些"百国春秋"几乎都失传了，今天我们所能看到的唯一完整的一部"春秋"，就是孔子所修的《春秋》。

孔子作《春秋》，初步确立了编年体史书的雏形。《春秋》采用编年体，初步将人物、地点、时间、事件四个因素结合起来记述历史，它已有了明确的时间顺序，把事件系统地按年代先后加以编排，上下连贯，从中可以看出历史的发展过程。战国时期私家逐步撰成的《左传》，是一部编年体的巨著。较之《春秋》，《左传》记事详细，叙事首尾完整，并且注意吸收其他史体的长处，把其他史体的史料按年代顺序组织进去，使编年体这一史体发展到了基本成熟的阶段。

春秋战国时期，各国史书大多采用编年史体。现在流传下来的除《春秋》《左传》外，较为重要的还有《竹书纪年》和《穆天子传》。

《史记》继承先秦时期的史学成果，创造了纪传体史书的表现形式，是中国史学上第一部纪传体通史。它"述历黄帝以来至太初而讫"（《史记·太史公自序》）约三千年史事，年月邈长，规模宏伟。《史记》全书由本纪、表、书、世家、列传五个部分构成。这五种体例，在先秦史书中都有萌芽，经过司马迁的继承、发展和创造，它们既各自成为一种规范的表现形式，又进而结合成一个相互补充、相互依存的整体，这是司马迁的创举。这个创举，反映了司马迁对历史的深刻理解和整体认识，以及表述这种理解和认识的杰出才能。唐代史学家刘知几在评论《史记》的结构时说："纪以包举大端，传以委曲细事，表以谱列年爵，志以总括遗漏,逮于天文、地理、国典、朝章,显隐必该,洪纤靡失。此其所以为长也。"(《史通·二体》)这只是从形式上来看待《史记》的结构。近人梁启超从历史观念上来看待和评价《史记》的结构,他认为,《史记》以前的史书,只是反映了史家对某一局部历史的认识,而"《史记》则举其时所及知之人类全体自有文化以来数千年之总活动冶为一炉。自此始认识历史为整个浑一的,为永久相续的。非至秦汉统一后,且文化发展至相当程度,则此观念不能发生。而太史公实应运而生。《史记》实为中国通史之创始者"(《要籍解题及其读法》)。《史记》作为古代史家对中国历史之比较全面的或整体的认识的标志,为中国史学大厦的建立奠定了基石。

《史记》自西汉宣帝时面世后,逐渐为学人所重视,除元帝、成帝年间有褚少孙补写《史记》缺篇外,两汉之际,续作纷呈,其中班彪也"继采前史遗事,傍贯异闻"(《后汉书·班彪列传》),作《太史公书》"后传"数十篇,是众多《史记》续作中最有成绩的。建武三十年(公元54年),班彪卒于官,其子班固继承了他的未竟之业。

班固积二十余年,至章帝建初年间,基本完成《汉书》全书,其中《天文志》及八表由班固之妹班昭及马续续成。《汉书》包括十二纪、八表、十志、七十传,凡百篇。后人为其作注,因有些卷篇幅过大,便析为子篇,故今存

《汉书》是一百二十卷。《汉书》作为第一部宏伟的王朝史,以西汉王朝兴衰为断限,"起元高祖,终于孝平、王莽之诛"(《汉书·叙传》),包括西汉一代史事,从而突出了王朝史的地位。另外,《汉书》以汉武帝以后的史事作为撰述的重点。《汉书·叙传》说:"太初以后,阙而不录,故探撰前记,缀辑所闻,以述《汉书》……十有二世,二百三十年。"从西汉建立至武帝太初年间约百年,《汉书》续作了太初以后约一百三十年的史事,对《史记》所记太初以前的史事也作了补充和调整。《汉书》不仅内容恢宏,且结构严谨。班固说:"综其行事,旁贯《五经》,上下洽通,为春秋考纪、表、志、传,凡百篇。"这几句话,概括了《汉书》的内容、结构和思想主旨。在内容上,它写出了西汉王朝的全部历史;在结构上,它去世家,改书为志,分纪、表、志、传四个部分。所谓"综其行事,旁贯《五经》,上下洽通",是班固在撰述上的思想和要求,这在纪、表、志、传中均有反映,且以表、志尤为突出。《汉书》八表对《史记》中的汉代诸表有继承,也有发展。如《外戚恩泽侯表》是与《外戚传》相配合的。所增《百官公卿表》跟《史记·汉兴以来将相名臣年表》有很大不同,是职官制度与职官年表的结合,其中官制部分开后代正史《百官志》或《职官志》的先河。《汉书》十志即律历、礼乐、刑法、食货、郊祀、天文、五行、地理、沟洫、艺文等志,它们对《史记》

八书也有许多新的发展。其中，刑法、五行、地理、艺文诸志为《汉书》所创。《汉书》对后代正史的撰述和发展具有深远的影响。

由于《汉书》创造了记述一代王朝史事的历史撰述形式，上下洽通，详而有体；同时也因为《汉书》所反映出来的自觉的王朝意识和鲜明的正宗思想符合封建王朝统治者的政治需要，所以《汉书》成为后世王朝正史著作的典范。从这个意义上说，中国封建社会史学的代表即正史的规范格局，是由《汉书》最终确立的。

《史记》创立了纪传体史书体裁，这种以多种体例相综合的史书表现形式，对于反映复杂的历史进程来说，是一个伟大的创造。《汉书》在《史记》的基础上，断代为史，并在表、志方面发展了《史记》的成果，使纪传体史书在内容和形式这两个方面更加丰富起来，从而确立了王朝史的规模和格局。《隋书·经籍志二》正史篇后序在讲到西晋陈寿撰《三国志》时说："自是世有著述，皆拟班、马，以为正史，作者尤广。一代之史，至数十家。"《史记》《汉书》对于正史发展的影响力是巨大的，它们对中国史学发展所产生的广泛而深远的影响，也是难以估量的。

由《史记》《汉书》开创的正史，历经漫长的编撰和积累过程，至《四库全书》修成，二十四史在中国史学史上的地位才得到了最终确立。这一漫长的历史过程，大致有以下几个阶段：

三史。这是三国至南北朝时期人们所说的三史，指的是《史记》《汉书》和东汉官修本朝史《东观汉记》。《隋书·经籍志二》正史类以《史记》《汉书》《东观汉记》居诸史之首。至唐代，范晔《后汉书》影响渐大，从而代替了《东观汉记》的位置。所以，唐人所谓三史，是指《史记》《汉书》和《后汉书》。

十三史和十五史。这两种说法，虽然都不曾定名，但却反映了唐人对历代正史的看法。《旧唐书·经籍志上》史部正史类后序指出，自《史记》以下，有前汉、后汉、魏、晋、宋、齐、梁、陈、后魏、北齐、后周、隋等朝正史，总为十三史。此为唐人的一种看法。此外，唐人也有十五史的认识，即在上述十三史之上再加上李延寿的《南史》和《北史》。

十七史。这是宋代以后很流行的一种说法，是在十五史的基础上，加上了欧阳修、宋祁所撰的《新唐书》和欧阳修所撰的《新五代史》，合为十七史。

二十一史和二十二史。二十一史之说始于明代，它在宋人所谓十七史的基础上，又增加了元代编修的《宋史》《辽史》《金史》和明代编修的《元史》。清乾隆四年（1739年），《明史》修成，合为二十二史。

二十四史。清代《四库全书》修成，在二十二史的基础上增加了《旧唐书》和《旧五代史》,是为"钦定二十四史",有乾隆四十九年(1784年)缮写的文津阁本和武英殿刊本。

二十四史,这一皇皇巨制,在反映中国自传说中的黄帝开始直至明朝灭亡大约五千年历史进程方面,构成了一个前后衔接、连续不断的整体,成为中国史学上的丰碑,世界史学上的奇观。中国史学能在世界文化方面取得显赫的地位,这固然和我国自古史学发达、历来有重视史学的优良传统有关,而司马迁在这方面的创造之功,也是不可抹煞的。

2. 开通史家风

"究天人之际,通古今之变,成一家之言",这是司马迁写作《史记》的宏伟目标。这位具有迈世之气、良史之才的史学家,"通古今之变"的思想是其历史理论的核心。他作《史记》的目的,是为了探究历史变化,考察客观历史过程,并找出其中的因果,以便作为当今的借鉴。所以,司马迁的旨趣在于通史。他曾明确表示:"居今之世,志古之道,所以自镜也,未必尽同。帝王者各殊礼而异务,要以成功为统纪,岂可绲乎?"(《史记·高祖功臣侯者年表》)这里十分清楚地说明了他治史的目的。为了达到"通古今之变"的目的,他创立了前所未有的通史体例,把自有史以来到汉武帝为止上下数千年人类历史活动的过程全部贯穿在一起。这种通史体例，使历史长河中各个时期的历史特点以及礼法制度的因革损益一目了然。所以，通史体裁的创立，其本身就从编纂的形式、结构方面体现了"通古今之变"的思想。

"通古今之变"既然是司马迁撰述《史记》的目的，那么他在整个撰述的过程中就更为明显地体现了这一宗旨。他在评论秦取天下而成帝业一事时，不是就事论事，而是从秦国的历史谈起，并联系当时社会的巨大变动以及秦在各国之间所处的地位，从而肯定了秦成帝业的历史影响。他在《平准书》里，历举各代史实来说明社会的发展与变化，并且在研究复杂的历史变化过程中，总结出了"物盛则衰，时极而转，一质一文，终始之变"的历史辩证发展的规律。从时间断限上看，《史记》是一部从远古贯穿至作者所处时代的历史进程的历史。由它所记述的地域范围——匈奴、两越、西南夷、朝鲜、大宛诸传等可以看出，其笔触已遍及四境的少数民族地区和域外国家。《史记》之为通史，在时空观念上已得到了充分的反映。

在中国史学史上，通史著作的萌芽起源于战国时期，如《世本》《竹书纪年》。但真正确立了通史规模的，是《史记》。《史记》的通史价值，得到了众多历史学家的认可，历代大家都有很高的评价。班固赞叹司马迁《史记》"驰骋古今上下数千载间"(《汉书·司马迁传》)。章学诚对《史记》的评价近乎全面肯定:"夫史迁绝学,《春秋》之后一人而已,其范围千古,牢笼百家者,惟创例发凡,卓见绝识,有以追古作者之原,自具《春秋》家学耳。"(《文史通义·申郑》)

在《史记》以后的数百年间,通史撰述甚为寥落,而断代为史的王朝史撰述则风靡一时。南北朝时,梁武帝曾命史学家吴均等撰《通史》六百卷,北魏元晖也曾召集史学家崔鸿等撰《科录》二百七十卷,这两部都是通史,但都没有流传下来。唐代这种情况发生了很大变化,至中晚唐时,形成了通史复兴的趋势。

盛唐时期,虞世南撰《帝王略论》五卷,这是一本历史通论,是中国史学上较早的一部历史评论专书。睿宗、玄宗时人韩琬撰《续史记》一百三十卷,萧颖士撰编年体汉隋间通史,这两部书都不曾流传下来。中晚唐时期,中国史学上的通史撰述有了很大发展,取得了不少新的成绩,是中国史学发展中的一个重要转折时期。这个时期出现的通史著作包括韩潭的《统载》、杜佑的《通典》、高峻的《高氏小史》,以及姚康的《统史》。这四部书分别采用了传记、典制、纪传、编年等不同体裁。在一段不太长的时间里,史学家们能够在通史撰述方面取得这样突出的成就,这在中晚唐以前是不曾有过的。这些成就既是对司马迁开创的纪传体通史的继承，也是一种创新。说其创新，主要表现在两个方面：一是体裁多样，二是新领域的开拓。这些成就对于发扬中国史学的通史家风，推动后代史学继续弘扬"会通"之旨，具有重要的作用。

通史撰述的复兴以及多种体裁的通史著作的出现，尤其是北宋时期司马光主编的《资治通鉴》的问世，促使史学家对以通史体裁所进行的史书编纂工作进行了理论上的思考与总结。南宋史家郑樵撰纪传体通史《通志》，其《总序》是一篇阐释"会通之义"的宏文。序文从"百川异趋，必会于海""万国殊途，必通诸夏"的自然现象和社会现象说到"会通之义大矣哉"。郑樵认为，孔子和司马迁是深谙"会通之义"的史家。通观《总序》，郑樵所谓"会通之义""会通之旨""会通之道"，其意在于：一是重古今"相因之义"，即揭示历史的联系；一是重历代损益，"古今之变"，即揭示历史的变化。郑樵对"会通之义"的阐释是具有理论价值的，它不仅拓宽了历史学家的历史视野，更为重要的是从理论上明确了通史撰述的意义，那就是通观历史发展的全过程，揭示历史发展过程的内在联系与变化。作为中国古代史学理论的集大成者，章学诚在《文史通义》的《申郑》《释通》篇中，论述了中国史学上的"通史家风"，对"会通之义"作了进一步的总结。

章学诚在《申郑》篇中高度评价了郑樵对"会通之义"

的阐发和他所撰写的《通志》一书,他特别推崇郑樵,说他"独取三千年来,遗文故册,运以别识心裁,盖承通史家风,而自为经纬,成一家言者也"。章学诚评价郑樵继承了"通史家风",当是对通史的一种肯定。他还认为,"通史之修,其便有六:一曰免重复,二曰均类例,三曰便铨配,四曰平是非,五曰去抵牾,六曰详邻事;其长有二:一曰具剪裁,二曰立家法"。他说,通史之所贵者,是"专门之业,自具体要","卓识名理,独见别裁"。所以,他称赞郑樵《通志》"虽事实无殊旧录,而辨名正物,诸子之意,寓于史裁,终为不朽之业矣"。(《文史通义·释通》)

章学诚对通史要义所作的阐释,不仅是对通史这一撰述形式的肯定,更为重要的是他通过撰述的形式阐发了其撰述的思想,也就是他所认为的"史家著述之道"当以"义意所归",即以一定的思想境界为追求的目标。他对司马迁的评价是"体圆用神",对郑樵的评价是"有志乎求义",由此不难窥见章学诚的史学思想。他撰写的《文史通义》一书,顾名思义,其意在于"通"与"义"。司马迁开创的通史家风,在章学诚这里获得了最为全面的理论阐释。通史作为史学家观察历史的一种独特视野,在中国史学发展的长河中,不乏杰出之作。

3. 树实录范例

在中国古代史学兴起之时,孔子便提出了评价"良史"

的标准——"书法不隐"。"书法不隐"即史官作史据事直书,不加隐讳。历史证明,史官忠于史实、秉笔直书并非易事。我国古代有不少史官为坚持真实地记载历史,不畏权势,不避风险,甚至献出了自己的生命。司马迁继承古代史家"书法不隐"的优良传统,撰述了以"实录"而名垂千古的历史巨著《史记》。司马迁的实录精神得到后世史家的普遍称赞。班固评论《史记》时说:"自刘向、扬雄博极群书,皆称迁有良史之材,服其善序事理,辨而不华,质而不俚,其文直,其事核,不虚美,不隐恶,故谓之实录。"(《汉书·司马迁传》)班固的评价即是对司马迁实录精神的颂扬与阐发。

实录精神内涵丰富,表现形式多样。司马迁实录精神中最可贵的是如下两个方面:

其一是文直事核,即作史有据,忠于史实,如实地记述史事,客观地表述历史事实。如司马迁为陈涉作世家,即属此类。历代史家对司马迁撰《陈涉世家》持有非议。但陈涉在秦汉之际风云变幻的历史过程中,建立了首难之功,这是历史事实。倘若没有陈涉的"首事",秦汉之际的历史或许就要重新改写。所以,司马迁为陈涉作世家,是客观、如实地反映了历史。在秦亡汉兴的情况下,西汉初年的许多政治家、思想家指斥秦的暴政,在一片反对声中,司马迁"察其终始",充分肯定了秦的"世异变"之功绩。

他说:"秦取天下多暴,然世异变,成功大……学者牵于所闻,见秦在帝位日浅,不察其终始,因举而笑之,不敢道,此与以耳食无异。悲夫!"(《史记·六国年表》)司马迁不仅如实地反映了历史,对秦统一天下的功绩作出了公允的评价,还对那些不能正视历史的人们进行了辛辣的讽刺,说他们是在用耳朵吃饭。

其二是不虚美,不隐恶,即不任意夸大或美化好的事物,也不回避或隐瞒丑陋的现象,也就是善恶必书。司马迁在《平准书》《封禅书》诸篇中,一方面如实记述了汉武帝年间"人给家足,都鄙廪庾皆满""守闾阎者食粱肉,为吏者长子孙,居官者以为姓号"等一派繁荣、升平、昌盛的景象;另一方面又揭露了汉武帝的穷兵黩武、好大喜功、迷信鬼神、轻用民力、厚敛于民,因而导致"县官大空""黎民重困"的局面。司马迁在《项羽本纪》中以极大的热情颂扬了项羽的不朽功绩,讴歌了项羽的英雄本色,但对项羽的骄傲自大、刚愎自用,想依靠武力征服天下的弱点,也进行了深刻的批判。在《酷吏列传》中,司马迁对于酷吏的横行霸道、冤杀无辜,进行了无情的揭露和鞭挞;而对个别酷吏的某些好的品德,也给予了肯定。他在《酷吏列传》后的"太史公曰"中说:郅都,"争天下大体";张汤,"国家赖其便";赵禹,"据法守正"。他认为:"其廉者足以为仪表。"司马迁不因为酷吏令人憎恶而否认他们身上的长处,即便是对于酷吏,他也做到了善恶必书。

人物传记是《史记》的一个有机的构成部分,司马迁实录其人其事,最为充分地展现了实录风范。我们说司马迁真实地再现了或者说记述了这些历史人物,并不意味着司马迁在记述的过程中完全没有他个人的好恶、选择和概括。我们认为他所记述的历史人物是真实的,是指他客观地反映了这些历史人物的真实情况。

司马迁的实录风范是由《史记》的全部内容和整个体系结构来表现的,而当我们将"实录"作为一种笔法来理解时,司马迁的实录笔法主要体现在如下几个方面:

"网罗天下放失旧闻"。司马迁以不同的方式,通过不同的途径,尽可能收集有关材料。作为一部通史,需要有丰富的材料;而作为一部实录,则更需要在丰富的材料中进行分析、比较、鉴别,以便整理出确切可信的材料。这是《史记》写作成功的坚实的基础。

"考信于六艺"。六艺也就是六经。司马迁以孔子整理过的《易》《书》《诗》《礼》《乐》《春秋》这六艺作为考订史料的标准。但是对于同一种传说或同一个历史事件,经、传的记述与评论常常会有不同。在这种情况下,司马迁所采取的态度是"调和""整齐",这也就是说,他对于儒家经典也进行了批判与选择,其态度是慎重的。

"总之不离古文者近是"和"择其言尤雅者"。这是司马迁在《五帝本纪》论赞中明确提出的鉴别史料的原则。"不离古文"的原则,是指文献资料应与实地调查材料结合起来进行考察,相互印证。对于古代传说,因年代久远,难免失实,因此需要与文献资料相对照,选择与文献接近的作为史料采用。"择其言尤雅者"的原则,就是选择最为可靠的历史资料。《五帝本纪》的取材叙事便体现了这一原则。秦汉以来,关于黄帝的记载很多,其中不乏神化、附会之说,以致出现"其文不雅驯"的情况。司马迁经过调查、核实,采用了较真实可靠的《五帝德》《帝系姓》作为撰述《五帝本纪》的材料。在司马迁看来,选择史料必须删去"不雅驯"之语,坚持"择其言尤雅者",方能获得真实可信的历史资料。司马迁在处理历史文献时的严谨与善择以及治史时的高见卓行令后人叹服不已。

"疑则传疑""疑者阙之"。司马迁在《三代世表》和《高祖功臣侯者年表》序中均提出了这一整理文献的原则。由于历史上常有许多问题众说不一,何者为真、何者为假,难以辨清,于是司马迁便分别照录,采取"疑则传疑"的原则。另外,对于缺乏材料根据的记载,他也决不主观臆测,而是采用"疑者阙之"的处理方法。如在《货殖列传》序中说:"夫神农以前,吾不知已。"在《外戚世家》中说:"秦以前尚略矣,其详靡得而记焉。"等等。司马迁对孔子在纪年问题上所采取的"疑则传疑"的谨慎态度表示赞赏,这同时也是他对自己作史态度的表白。司马迁自觉地继承、发扬了孔子以来的优良的史学传统,终于撰成《史记》这部千古不朽的"实录"。

七 《史记》与中国文学

《史记》虽是一部史学巨著,但它在中国文学史上也享有崇高的地位。司马迁以其神奇之笔,绘出了一幅波澜壮阔、绚丽多彩的历史画卷,再现了叱咤风云、栩栩如生的历史人物。它对中国传记文学的发展,对后世小说、戏剧的创作,都具有深远的影响。

1. 传记文学的先驱

先秦典籍如《春秋》《左传》《战国策》《国语》等,都有关于历史人物生平事迹的记载。而真正使人物传记成为一种独立体裁的,是司马迁的《史记》。在《史记》的五种体例中,以本纪、世家、列传构成人物传记的主体。《史记》以前的中国古代历史著作,其中也不乏对历史人物的生动描述,但这些历史著作多采取以记事为主的著述方式,并未确立起为历史人物立传的意识。《史记》首创纪传体的著史格局,通过对社会各个层面历史人物的记述,展现了数千年社会历史的发展过程。《史记》所记载的历史人物从帝王将相到诸子百家乃至社会中下层人士,诸如刺客、游侠等,以具体、生动的人物群像来展现历史的画卷。

关于这一点,梁启超曾提出:"历史由环境构成耶?由人物构成耶?此为史界累世聚讼之问题。以吾侪所见,虽两方势力俱不可蔑,而人类心力发展之功能,固当畸重。中国史家,最注意于此,而实自太史公发之。其书百三十篇,除十表八书外,余皆个人传记,在外国史及过去古籍中无此体裁。以无数个人传记之集合体成一史,结果成为人的史而非社会的史,是其短处。然对于能发动社会事变之主要人物,各留一较详确之面影以传于后,此其所长也。"(《要籍解题及其读法》)梁启超的评论尚有值得斟酌之处,但他明确肯定了"传记"为司马迁之首创。可以这样认为,《史记》的出现标志着我国史学史上新的撰史格局的形成,同时也是我国文学史上传记文学的开端。

司马迁开创了传记文学这一独特的写作样式,为无数后继者树立了典范。

第一个为《史记》作续补的是西汉宣帝时的褚少孙。从他开始,至东汉初年的班彪,其间有众多著名学者都曾依《史记》之例撰写人物传记。到了东汉明帝时期,班固的《汉书》问世。《汉书》的撰写成功,不仅标志着纪传体正史格局的形成,同时也为传记文学的创作开创了一个新的历史时期。至魏晋南北朝时,传记著作曾一度呈现出极为繁盛的局面。这一时期的绝大部分史传著作,在著述体例上均继承《史记》《汉书》的纪传体形式,即以人物传记的形式为主来进行写作。与此同时,兴起于西汉末年的杂传即非正史传记,也如雨后春笋般涌现出来。这时期的杂传创作不仅数量繁多、内容丰富,且在创作体例上体现出了多样化的特点,除了传统的正传以外,另有诸如"内传""别传""家传"等不同体裁。若将"碑""诔""叙""颂"等有传记性质的作品也包括在内,这一时期的传记体裁将更为丰富多彩。从内容方面看,仅从《隋书·经籍志》杂传类下的书目,便能看出这一时期传记作者所选择的传主已包括"先贤""耆旧""逸民""忠臣""良吏""孝子""高僧"等。在数量众多的别传中,以《东方朔别传》《郭泰别传》《李固别传》《孔融别传》《曹瞒别传》《赵云别传》《嵇康别传》尤具代表性。这些别传继承与发扬了《史记》传记的传统,塑造出了一批具有时代特色且个性鲜明的传主形象。到了唐代,杂传又有了新的发展。唐代古文运动的两位领袖人物韩愈、柳宗元在继承《史记》传记传统的基础上,开创了唐代杂传撰写的新局面。一大批脍炙人口的杂传杰作相继问世。有《圬者王承福传》《何蕃传》《张中丞传后叙》《柳子厚墓志铭》和《种树郭橐驼传》《梓人传》《童区寄传》《宋清传》《段太尉逸事状》等。这些传记作品以其清新的文笔和鲜明的形象塑造,为当时的传记文学创作注入了新的活力。除了韩、柳而外,唐代其他的文学名家如白居易、刘禹锡、李翱、李商隐等亦均有传记佳作问世。唐代众多文学家投身于传记创作的做法影响了宋代,所以宋代许多著名文学家也都纷纷投身于传记创作,如欧阳修、王安石、苏轼、陆游等,都创作了相当数量的传记之作。苏轼撰述的《司马温公行状》、朱熹撰述的《张魏公行状》等,更是开了个人传记文学长篇之先河。明清以后,正史传记日益为统治者所控制,而正史之外的杂传创作,在继承唐宋传记文学的基础上,又有了新的发展。明代著名作家宋濂撰有七十余篇小传性质的单篇传记,袁宏道撰有《徐文长传》。清代传记作品以切中时弊、现实感强而独具特色,在当时产生了较大影响的传记作品有顾炎武的《吴同初行状》《书吴、潘二子事》、邵长蘅的《阎典史传》,以及全祖望所作的抗清志士传记等。清代中叶以后,戴名世的《画网巾先生传》《杨维岳传》、方苞的《左忠毅公逸事》等,均为流传后世的人物传记的名作,另外还有章学诚和龚自珍等人的传记作品,都是这方面的佳作。

《史记》中的传记,由于表述流畅、生动,人物的性格特征跃然纸上,读来脍炙人口,被后人推崇为世界上最早的传记文学作品。传记文学作为一种独特的写作样式,已成为中国文学史上一枝光彩夺目的奇葩。《史记》开创了"以人物为本位"的传记文学之路,树立起了人物形象塑造方面的光辉范例,为我国传记文学的进一步发展与开拓奠定了坚实的基础。

《史记》在传记文学中的成就是巨大的。

首先,司马迁注意选择具有代表性和典型性的人物作为传主。《史记》作为一部历史著作,是一部记述真人真事的传记文学作品,所以传主必须在真人真事中进行选择。司马迁选择传主的标准很明确,即"扶义俶傥,不令已失时,立功名于天下,作七十列传"(《史记·太史公自序》)。他在《张丞相列传》后面附列了陶青、刘舍、许昌、薛泽、庄青翟、赵周等好几位丞相的名字,然后指出,这些人"皆以列侯继嗣,娖娖廉谨,为丞相备员而已,无所能发明功名有著于当世者"。这说明,虽官至丞相之尊,但其"无所能发明功名有著于当世",所以,恕不列传。又如他在《留侯世家》中写道:"非天下所以存亡,故不著。"由此不难看出,司马迁对于入选传主的人物颇有考虑。春秋时代可谓群星灿烂,但司马迁只为管仲、晏婴、孔子、老子、司马穰苴、孙子、吴起、伍子胥以及孔子弟子等人单独立传,他不给无所作为的达官显宦立传,却给有一技之长、在当时社会政治生活中产生了一定影响的"闾巷布衣"立传,如《扁鹊仓公列传》《货殖列传》《滑稽列传》等。司马迁选择对社会发展、历史进程产生了影响的人物作为传主，由于传主本身所具有的代表性，从而有利于人物的典型创作。司马迁之所以能创造出众多不朽的人物形象，无不与此有着密切的关系。

其次，司马迁注重对人物形象的刻画和塑造。司马迁在文学上的成就和贡献是多方面的，其中最大的贡献就在于对人物的刻画和塑造。

司马迁善于通过细节描写来刻画人物。细节是文学艺术作品最小的组成单位，细节是形象的细胞。《史记》中凡是有出色的细节描写的地方，往往正是人物形象最精彩、丰满之处。

在《张仪列传》中，司马迁描述了张仪令其妻视舌的细节。张仪到各国游说，在楚国被怀疑偷了楚相的玉璧，挨了一顿打。回到家后，妻子怨他不该读书游说，否则也不致遭受这个耻辱。张仪却对他的妻子说："视吾舌尚在不？"其妻笑曰："舌在也。"张仪说："这就够了！"这个细节，将一位决心以游说为职业的策士淋漓尽致地刻画了出来。再如，司马迁在叙述信陵君救赵这件事时，用了大量的笔墨不遗余力、生动细致地描绘了信陵君"自迎夷门侯生"（《史记·魏公子列传》）的详细经过，由此而将信陵君的形象鲜明且生动地表现出来。

司马迁注重以人物内心世界的描写来揭示人物的性格特征，通过对人物心理活动的描写，来对传主的行为动机作出更为合理且深刻的解释。例如，司马迁在描写汉代名将韩信时，十分注意描写韩信的心理活动。在韩信被汉高祖刘邦拜为大将之前，司马迁写道："信数与萧何语，何奇之。至南郑，诸将行道亡者数十人，信度何等已数言上，上不我用，即亡。"（《史记·淮阴侯列传》）后来，齐人蒯通劝说韩信背叛刘邦、三分天下时，韩信作何反应呢？司马迁是这样叙述的："韩信犹豫不忍倍汉，又自以为功多，汉终不夺我齐，遂谢蒯通。"（《史记·淮阴侯列传》）这些关于韩信心理活动的描写，使韩信的外在行为有了真实的内在依据。在《史记·韩长孺列传》中，有一段关于窦太后与景帝之间因为梁孝王所展开的一场心理战的描写。司马迁将景帝含而不露的疑忌、窦太后的不安以及韩安国的周旋等种种复杂的心理活动都描述得惟妙惟肖，明心见性，堪称心理描写的妙篇。

司马迁还注重在激烈的矛盾冲突中刻画人物。为了使人物的形象、性格更加鲜明生动，产生感人至深的艺术效果，将人物置于矛盾冲突的顶端，是司马迁刻画与塑造人物形象的方法之一。《史记》中最为脍炙人口的传记名篇之一《项羽本纪》，记述了项羽这位在秦汉之际一度称霸天下的显赫人物。项羽人生历程中所经历的三件大事即巨鹿之战、鸿门宴和垓下之战，亦是秦汉之际中国历史上社会变革最为剧烈的重要时刻，司马迁紧紧扣住事件中矛盾冲突的焦点，并以此为背景，集中刻画了身处激烈矛盾冲突中的项羽的性格特征。通过巨鹿之战的描写，勾画出一个叱咤风云、勇冠三军的霸主形象；鸿门宴的描写，让人们看到了项羽率直轻信、优柔寡断的另一个性格侧面；司马迁不惜重墨加以渲染的垓下之战，通过对他悲歌别姬、率骑突围，到其披坚执锐、斩将刈旗，直至拒渡乌江、自刎身死的生动描写，使项羽的性格特征得到了淋漓尽致的展现。司马迁在激烈的矛盾冲突中完成了对项羽个人形象的塑造，使之鲜明生动，呼之欲出。《廉颇蔺相如列传》也是司马迁在矛盾冲突和斗争中塑造人物形象的一个典型。在这篇传记中，他着重记叙了三件事，即完璧归赵、渑池会和负荆请罪。三件事均置于秦、赵两国与廉、蔺两人的矛盾冲突之中，蔺相如心胸豁达、不计较个人得失、以国家利益为重的崇高品德，以及廉颇直率、坦诚的性格都得到了充分展示，在精彩的矛盾冲突中，最终完成了廉颇和蔺相如两人人物形象和性格特征的塑造。

《史记》描写人物鲜明生动、栩栩如生，和它在语言上的成就是分不开的。《史记》在人物的对话语言和作者的叙述语言上都有巨大的创造。司马迁不愧为语言大师。

为了表现出人物的性格以及人物相互间的关系，司马迁十分注重写人物的对话，通过历史人物自己的语言直接揭示历史人物的性格特征。《留侯世家》写张良因反对"复立六国后世"的做法而与刘邦之间进行了一段著名对话，张良前一个不可，后一个不可，直至八不可方毕其辞。通过这些话将张良这位"王者师"见事极明、口若悬河的人物特征，很鲜明地表现出来。刘邦听谏辞后的反映是："汉王辍食吐哺，骂曰：'竖儒，几败而公事！'"这些语言，既将这位精明的统治者从谏如流的性格特征刻画了出来，同时又非常生动地将他身上带有的一种流氓习气传达出来。再如《平原君虞卿列传》所记载的平原君与毛遂在合纵于楚前的对话也十分精彩，耐人寻味。"门下有毛遂者，前，自赞于平原君曰：'遂闻君将合从于楚，约与食客门下二十人偕，不外索。今少一人，愿君即以遂备员而行矣。'平原君曰：'先生处胜之门下几年于此矣？'毛遂曰：'三年于此矣。'平原君曰：'夫贤士之处世也，譬若锥之处囊中，其末立见。今先生处胜之门下三年于此矣，左右未有所称诵，胜未有所闻，是先生无所有也。先生不能，先生留。'毛遂曰：'臣乃今日请处囊中耳。使遂蚤得处囊中，乃颖脱而出，非特其末见而已。'平原君竟与毛遂偕。"这段对话，将两人在让不让毛遂加入"合从于楚"的赵国谈判使团问题上的意见冲突十分生动地展现出来。在对话中，平原君以"锥之处囊中，其末立见"比喻"贤士之处世"，毛遂立即就此比喻加以发挥，要求"今日请处囊中"。毛遂自荐的历史佳话之所以一直流传至今，与司马迁生动地"记载"了平原君与毛遂之间的对话是分不开的。

在《史记》中，如此生动、精彩的人物对话随处可见。《廉颇蔺相如列传》中蔺相如同他的舍人间的对话，《张仪列传》中张仪与其妻之间关于舌的妙用的对答，《淮阴侯列传》中刘邦与萧何之间生动的言语对答，还有《魏其武安侯列传》中所写的东朝廷之辩时几个人物的对话，都足以证明司马迁非常善于通过人物对话来塑造人物，揭示人物的性格特征。

在《史记》的人物传记中，作者所用的叙述语言不仅善于抓住人物的性格特征和事件的典型意义，且感情充沛，夹叙夹议，有强烈的感人力量。

司马迁能根据所描绘的不同场合的需要，变化其叙述语言的节奏。如《刺客列传》叙述荆轲刺秦王，"秦王发图，图穷而匕首见……"；写巨鹿之战，为表现战场上紧张而激烈的气氛，便以短章促句写之："项羽乃悉引兵渡河，皆沉船，破釜甑，烧庐舍，持三日粮，以示士卒必死，无一还心。于是至则围王离，与秦军遇，九战，绝其甬道，大破之，杀苏角，虏王离。涉间不降楚，自烧杀。当是时，楚兵冠诸侯。"（《史记·项羽本纪》）司马迁运用遣词造句的变化，生动地描绘出各种不同的情势。

司马迁还十分注重吸收民间语言，以增强语言的生动性和感染力。民间语言是长期流传于民间，经过反复锤炼的一种富于生命力和表现力的语言。如其在《魏其武安侯列传》引颍川儿歌"颍水清，灌氏宁；颍水浊，灌氏族"，表现出对灌氏横暴的愤怒和诅咒。《淮南衡山列传》引民歌曰"一尺布，尚可缝；一斗粟，尚可舂。兄弟二人不能相容"，以此揭露皇室内部骨肉相残，讽刺汉文帝。司马迁除了运用儿歌、民歌外，还吸收了源于民间的谚语、俗语。如《范雎蔡泽列传》引有"日中则移，月满则亏"之谚语，蔡泽以这个天下至理为喻，劝范雎急流勇退。《李将军列传》引有"桃李不言，下自成蹊"之谚语，赞颂李广自身所具有的美好品质。类似的例子很多，如《白起王翦列传》中有"尺有所短，寸有所长"之俗语，《佞幸列传》中有"力田不如逢年，善仕不如遇合"之谚语，《货殖列传》中有"百里不贩樵，千里不贩籴""千金之子，不死于市"之句，《张释之冯唐列传》中有"不知其人视其友"之句，《春申君列传》中有"当断不断，反受其乱"等民谚俗语。民间语言的运用，增强了《史记》语言的生动性和感染力，司马迁所塑造的人物形象也因此而更具艺术魅力。

司马迁多方面的造诣，铸就了《史记》传记文学的辉煌。

诚如明代学人茅坤所说："姑取司马子长之大者论之。今人读《游侠传》，即欲轻生；读《屈原贾谊传》，即欲流涕；

读《庄周》《鲁仲连传》,即欲遗世;读《李广传》,即欲立斗;读《石建传》,即欲俯躬;读《信陵》《平原君传》,即欲好士。若此者何哉?盖各得其物之情,而肆于心故也,而固非区区句字之激射者。"(《与蔡白石太守论文书》)对人物形象的成功塑造,使《史记》这部传记文学具有了永恒的生命力。

司马迁开创了人物传记这一文学体裁,并以其卓越的艺术实践,为人物传记的创作积累了丰富的艺术表现手法。《史记》既奠定了传记文学的基础,也是传记文学的光辉典范。

2. 对后世小说与戏剧创作的影响

中国小说的发展,主要源于史传,史传与小说之间几乎可以说有着直接的血缘关系。而史传当中,对小说产生显著影响的是《史记》。甚至有这样一种看法,认为《史记》就是小说,这一看法始于明代,到近代更为强调。著名学者、文学批评家李长之先生认为:"这种看法原不错,司马迁原可以称为一个伟大的小说家呢。"(《司马迁之人格与风格》)从《史记》作为史书的性质来看,从《史记》在中国史学史上的崇高地位及古今学人对其所形成的共识来看,这个说法并不中肯,但它却说明了《史记》对后世小说的发展所具有的意义。

具体说来,《史记》对后世小说的影响有如下几个方面:

首先,《史记》无论是在人物形象的塑造上,还是在人物性格的描绘上,抑或是在细节的刻画上,都给后世小说的创作者很大的启发。司马迁抓住最能表现人物性格特征的外貌、语言、行动以及细节来塑造人物形象。他写秦始皇:"蜂准,长目,挚鸟膺,豺声……"(《史记·秦始皇本纪》)这副尊容和声音,生动地显现出秦始皇的性格特征。司马迁在描绘汉代缔造者刘邦时说:"隆准而龙颜,美须髯,左股有七十二黑子。"(《史记·高祖本纪》)真是一副天子相。在《魏公子列传》中,司马迁通过对信陵君虚心恭请侯生、与魏王反复冲突、盗虎符、杀晋鄙、退秦兵、解邯郸围等事件的具体描写,把作为贵族公子的信陵君延揽人才、当机立断等特点表现得鲜明突出。又如通过描述刘邦临难弃子、项羽要杀他父亲时的表现,以及统一后杀戮功臣等具体言行,将刘邦的流氓无赖相和他内心的多疑狡诈,揭示得非常深刻、形象。《陈涉世家》用陈涉年少时讽刺同伴的一句话"嗟乎!燕雀安知鸿鹄之志哉!"显示了他的胸怀大志,也流露了他对同伴的轻蔑,为他后来骄傲忘本、妄杀故人埋下伏笔。此外,书中对李斯少时见厕中鼠与仓中鼠时的感叹、张仪不遇时对妻子说的"视吾舌尚在不?"等细节的描写,都成功地表现了人物的性格,塑造了人物的形象。

其次,《史记》对历史场面的描述也非常精彩,对后世小说也产生了相当大的影响。如《魏其武安侯列传》写的是两代外戚、三个官僚之间互相倾轧、争权夺利的一场斗争。司马迁首先分别叙列窦、田、灌的出身性行，接下来便根据他们三人的结怨和倾轧斗争，编织成一个具有戏剧性的冲突情节。窦婴宴请田蚡，灌夫在座上"语侵之"；田蚡向窦婴逼索田地，灌夫怒骂籍福。他们之间的矛盾冲突在日渐升级。田蚡抓住灌夫横行乡里的罪状，请求皇帝按治；灌夫也持田蚡阴私揪住不放。经宾客居间调解，矛盾暂解，但冲突最终还是爆发了，灌夫在田蚡的婚宴上使酒骂座，东朝廷之辩使矛盾冲突达到了高潮。事件的最后结局是灌夫被灭族，窦婴被弃市，得胜的田蚡也暴病而死。整个事件围绕主要人物窦婴和田蚡之间的矛盾，由小到大，由暗转明，错综复杂。如此精彩的场面描写，在《史记》的很多人物传记里都有。《项羽本纪》中的鸿门宴就是一个剑拔弩张、惊心动魄的大场面。鸿门宴写刘邦攻入秦都咸阳（今陕西咸阳秦都区）以后，想按约称王。刘邦手下的曹无伤使人向项羽告密，项羽大怒，想灭掉刘邦。项伯夜告张良，刘邦接见项伯并请项伯转告项羽，表白自己绝无野心。次日，刘邦又亲至项羽军驻地鸿门谢罪。于是，一场惊心动魄的鸿门宴上的斗争就这样展开了。在鸿门宴上，刘邦谢罪，范增举玦，项庄舞剑，樊哙闯宴，将刘、项双方明争暗斗的紧张局面写得活灵活现。这件事从曹无伤告密开始,直至曹无伤最后被诛而结束,有首有尾,结构严谨而又曲折动人。又如《魏公子列传》写无忌救赵的经过,情节曲折,扣人心弦。《范雎蔡泽列传》则以范与须、魏的恩怨为主线,步步展开,层层深入,文笔跌宕有致,引人入胜。总之,《史记》善于叙事写人,对后代小说和戏剧产生了极为重大的影响。

《史记》在思想上、题材上和语言表述形式上对后代小说发展所具有的意义,已为中国小说发展史所证实。唐人传奇虽直接继承六朝志怪传统,但其表现形式则源于《史记》的传记手法。作为中国古典长篇小说三大巨著之一的《水浒传》,是明代李开先拿来与《史记》相提并论的第一部小说,他在《词谑》一书中说:"《史记》而下,便是此书。"以后,明人袁宏道、李贽,清人金圣叹等都有相同的看法。金圣叹说:"《水浒传》方法,都从《史记》出来,却有许多胜似《史记》处。若《史记》妙处,《水浒》已是件件有。"(《读第五才子书法》)如果说《史记》对于长篇巨著留下了影响的痕迹,那么它对于像《聊斋志异》这样的短篇小说,可以说影响更大。《聊斋志异》是一部文言短篇小说集。作为古典文学中的名著,《聊斋志异》不仅有着深刻的思想内容,其艺术成就也是令人瞩目的。《聊斋志异》在塑造人物时,善于抓住人物特征,并用细节描写去加深这些特征,让人物用自己的语言表现自己,深入人物的内心世界去刻画人物。除此以外，内容丰富、事件复杂、故事性强、情节曲折，也是《聊斋志异》的突出特点。《聊斋志异》独特的艺术形式和艺术风格，表现为对志怪和传奇的直接继承，其渊源则在于广泛吸收了先秦散文、史传文学的艺术表现形式与手法。可见《史记》对后代小说的影响是十分广泛而深远的。

《史记》不仅影响了后代小说，也影响了后代戏剧。戏剧是通过生动的艺术形象来反映生活、反映现实的，而人物形象是戏剧的主体。《史记》的人物传记刻画了一大批栩栩如生、各具风采的人物形象，这些都成了戏剧家的材料来源。《元曲选》中有《楚昭王》《谇范叔》《赵氏孤儿》《冻苏秦》等，在《脉望馆钞本元曲》中有《豫让吞炭》《卓文君私奔相如》以及《渑池会》，这些都是取材于《史记》史事的剧本。据统计，元明时期有上百个《史记》戏。除了元曲以外，京剧中的许多剧本也取材于《史记》中的史事，如《渭水河》《武昭关》《八义图》《战樊城》《长亭会》《渑池会》《宇宙锋》《文君当垆》《霸王别姬》等。

《史记》在历史文学艺术方面成就卓著，虽然《史记》不是小说也不是戏剧，但其对我国小说和戏剧所产生的影响广泛且深远。正是在这种意义上，李长之先生说司马迁本人就是一个小说家，一位出色的剧作家。

3.关于文学批评

司马迁在《史记》中所阐发的深刻而精辟的文学见解,不仅对后代作家予以重要启示,而且在文学理论上给后代以重大影响。"发愤著书说"乃是司马迁关于文学创作的一个重要思想。

"发愤著书说"是中国古代文学艺术创作史上的一个宝贵传统,渊远而流长。它滥觞于先秦的屈原,经西汉《淮南子》阐发,到司马迁则比较系统地提出了"发愤著书说"的要旨。

屈原说,"惜诵以致愍兮,发愤以抒情"(《九章·惜诵》;"怀朕情而不发兮,余焉能忍与此终古?"(《离骚》)这就是说"愤"亦即"怀朕情而不发"时心情抑郁不舒的心理状态;"焉能忍与此终古?"就是有"发愤以抒情"的要求与冲动。所以,司马迁说:"屈平之作《离骚》,盖自怨生也。""屈平疾王听之不聪也,谗谄之蔽明也,邪曲之害公也,方正之不容也,故忧愁幽思而作《离骚》。"(《史记·屈原贾生列传》)由此看来,屈原的"发愤以抒情"有其深刻的含义。作为政治家、文学家的屈原,在遭受排挤以后,对"谗谄蔽明""邪曲害公""方正不容"等丑恶的社会现实,表现出一种极为不满的情绪。后来淮南王刘安在《淮南子·本经训》中说:"人之性,心有忧丧则悲,悲则哀,哀斯愤,愤斯怒，怒斯动，动则手足不静。"这是通过对人的心理感情变化层次的剖析，进一步阐发了"愤"的内涵。而全面、具体地阐述"发愤著书"思想，确立了其在中国文学理论中的传统地位的，应该说是司马迁。"发愤著书"不是司马迁的原话，是后人根据他的文学思想概括出来的。司马迁曾多次阐述这一观点。他在《史记·太史公自序》中列举出古代许多名家著作都是在作者遭逢困厄，处于逆境当中创作出来的。这就是说，司马迁已经有了这样一种理性的认识，即人只有在社会和人生斗争的旋涡里闯荡过，遭遇过坎坷和磨难，才能获得对社会和人生的深切认识和体验，才能产生非凡的激情，写出伟大的著作。他进一步指出，这些作者，都是在"意有所郁结，不得通其道"的情况下，即在人生道路上遭遇挫折和不幸，志向抱负受到压抑不得伸展，理想不得实现的情况下才"述往事，思来者"——通过著述来寄托自己的理想的。也就是说，这些作者的著作，都是有所抱负、有所寄托的，是为有所为而作。

司马迁"发愤著书"的观点，在《史记》其他篇章里也有所阐发。司马迁在《平原君虞卿列传》论赞中说："虞卿料事揣情，为赵画策，何其工也！及不忍魏齐，卒困于大梁，庸夫且知其不可，况贤人乎？然虞卿非穷愁，亦不能著书以自见于后世云。"而在《屈原贾生列传》里，司马迁更把屈原作《离骚》作为他"发愤著书"理论的一个有力的例证。在《报任安书》中,司马迁更为明确地指出:"左丘无目,孙子断足,终不可用,退论书策以舒其愤,思垂空文以自见。"应该说明的是,司马迁所举诸例不全符合实际,但他所揭示的"发愤之所为作"的思想是毋庸置疑的。首先,司马迁第一次具体而明确地阐述了"发愤"或"舒其愤"的内涵为"意有所郁结,不得通其道,故述往事,思来者"。道不通,人不用,则只好用笔"述往事,思来者",也即"发愤著书"。这既是对前贤著书的规律性的总结,也是司马迁撰写《史记》的体验。

其次,司马迁深刻揭示了"愤"产生的社会原因。在司马迁看来,"愤"是前贤对坎坷不平的客观现实的主观反映。他所列举的历史上的"西伯拘羑里""孔子厄陈、蔡""屈原放逐""韩非囚秦"之后"发愤"各有所作的事实,实际上是总结了先秦文学史上一种普遍存在的现象。

另外,司马迁实际上是把"怨"或"愤"作为创作的动力。从心理层面看,"情动于中而形于言","怨"或"愤"正是"动于中"的"情",容易触发灵感,产生创作冲动。这种动力来自于作家对生活的"感愤"。作家不是为写作而写作,他们是为了抒发"感愤",寄托理想。司马迁在《屈原贾生列传》中说:"余读《离骚》《天问》《招魂》《哀郢》,悲其志。适长沙,观屈原所自沉渊,未尝不垂涕,想见其为人。"所以,作品是作家人格的再现和理想的寄托。司马迁写《史记》也是如此。在受宫刑之后,他的写作指导思想更加明确,他把《史记》作为自己理想的寄托,忍辱负重,百折不挠,为完成《史记》献出了自己毕生的精力。生活的"感愤"激励着他进行伟大的创作,司马迁因此而获得了创作的强烈冲动和激情,《史记》也因此而有了灵魂。宫刑使司马迁在精神上遭受到极大的创伤,以至于愁肠每天都反复回转,在家恍恍惚惚若有所失,外出则不知到哪里去。每当想到这种耻辱,背上便出冷汗,湿透衣裳。但也正是这一奇耻大辱,使司马迁决心把自己对不平的揭露、对罪恶的鞭笞、对丑态的讽刺、对英雄的讴歌、对理想的追求等等,全都倾注于《史记》之中。《史记》的魅力,不仅仅是实录其事,情节动人,更为主要的是其中倾注了司马迁的理想与激情。屈原作《离骚》"盖自怨生也",司马迁的《史记》又何尝不是以"怨""愤"为动力呢?

自司马迁确立了"发愤著书说"在中国文学思想史上的地位后,东汉桓谭首先论及了"发愤著书"与文采的关系。他说:"贾谊不左迁失志,则文彩不发。"(《新论·本造》)刘宋时代的王微也说:"文词不怨思抑扬,则流淡无味。"(《与从弟僧绰书》,《宋书·王微列传》)南朝齐梁时的著名文论家刘勰在其名著《文心雕龙》中,对"发愤著书"思想又作了新的阐发。他第一次明确地从"愤"的真实性角度提出问题,在《文心雕龙·情采》篇中说:"志思蓄愤,而吟咏情性。"即所蓄之愤乃是真"情性",确实发自内心。所以,这种"为情而造文"能起到感发人心、"以讽其上"的社会效果。唐代大诗人李白不仅对屈原之所以作赋有深刻理解,且发出了"哀怨起骚人"(《古风·其一》)的感慨。韩愈提出了著名的"不平则鸣说"(《送孟东野序》),这是对"发愤著书说"的发展。与韩愈齐名的柳宗元对"发愤著书说"有着更积极的发挥:"于是感激愤悱,思奋其志略以效于当世。"(《娄二十四秀才花下对酒唱和诗序》)这是说要激发其"愤悱"思虑,以实现自己的政治抱负而"效于当世"。南宋爱国诗人陆游十分强调"悲愤"的强烈感情在诗歌创作中的决定性作用:"盖人之情,悲愤积于中而无言,始发为诗;不然,无诗矣。"(《澹斋居士诗序》)明代李贽对"发愤著书说"作了进一步发挥,他以"发愤著书"的文学思想评价《水浒》的价值:《水浒传》者,发愤之所作也。"(《忠义水浒传序》)李贽为"愤"的内涵注入了反叛性与战斗性。他借口愤"宋室"昏庸无能,丧权辱国,表示出对明室"大贤处下,不肖处上"的黑暗之愤。清初黄宗羲、顾炎武等一批志士仁人主要是出于民族义愤与爱国热情而强调"发愤著书"。

司马迁确立的"发愤著书说",作为我国文学思想上的一个重要传统,不仅得到了继承与发展,同时不断被赋予新的内涵。

美刺是自《诗经》以来中国文学上的一个优良传统。以对丑的否定，达到对美的肯定，可以说是美刺的本质。司马迁继承了《诗经》以来美刺的优良传统，他以"贬"恶"论"善这一艺术形式，继承和发展了我国现实主义文学批评理论——美刺论。

《史记》讽刺艺术遵循的原则是：首先，在选择讽刺的目标上，司马迁没有把讽刺用于对个体的人身攻击，而是用于对社会弊病的揭露。司马迁笔下的汉高祖刘邦，具有豁达大度、从谏如流的特点，而对刘邦之为人，司马迁则进行了无情的讽刺。在《项羽本纪》中，面对项羽的要挟，他表现出一副活脱脱的无赖相；在《淮阴侯列传》中，刘邦前后两番骂语的变化，照出了其狡黠面目，令人啼笑皆非。司马迁由此对上层统治阶级内部的尔虞我诈进行了揭露和讽刺。司马迁写《封禅书》，"实录"了当朝皇帝武帝一味追求长生不老之术，崇信方士、好神仙等引起的一场场闹剧，让读者在笑声中认识到汉武帝的愚妄、荒诞不经。

《史记》的讽刺艺术遵循的另一条原则，是把讽刺建立在真实的基础之上。《史记》是以实录著称的。司马迁把对于汉王朝一切腐朽落后的东西的讽刺与揭露，同具有文学性的生动记叙结合起来，从而产生了极好的讽刺效果。如在《酷吏列传》中，因为汉法规定，春天不准杀人，嗜杀成癖的王温舒深感遗憾，为杀人时机已过而无限惋惜地

"顿足"。通过这一情节的描写，王温舒嗜杀之癖大白于世人面前。又如在《张释之冯唐列传》中，文帝因一人惊了自己的马，便要置之于死地。这位废除肉刑的文帝，也有其残暴的一面。

讽刺是对现实社会生活中矛盾现象的真实反映。由于社会生活矛盾现象的复杂性，讽刺的形式也是多种多样的。由于时代条件和其他种种原因，《史记》中的讽刺多具有语婉而多讽的特点。

司马迁是把《史记》自比为《春秋》的。他在《匈奴列传》中曾说："孔氏著《春秋》，隐桓之间则章，至定哀之际则微，为其切当世之文而罔褒，忌讳之辞也。"这说明他著《史记》是有所"忌讳"的。为此，司马迁不得不采取微言讥刺的形式。因为隐晦，所以曾被人误解。如《万石张叔列传》就被明代吴国伦误认为是为石氏父子作颂歌。清代学者牛运震则理解了司马迁的微言，他说："太史公叙万石君张叔等，处处俱带讽刺。"（《史记纠谬》）又如在《平准书》后论中，表面上处处讲的是秦之弊，实际上没有一句不是针对汉武帝讲的。所以，方苞说，"举秦事，以譬况汉也"（《史记评林》）。

由此看来，《史记》"讽谏刺讥"的特点是十分突出的。而这与司马迁重视文学的"刺讥"作用是分不开的。他在《史记·太史公自序》中说："作辞以讽谏，连类以争义，

《离骚》有之。"通过对《离骚》的具体分析,司马迁指出,文学作品的社会意义就在于"明道德之广崇,治乱之条贯"(《史记·屈原贾生列传》)。而讽刺的作用就是对社会生活中丑恶的现象加以揭露、嘲笑和谴责,对于美好的事物则加以肯定与颂扬。司马迁运用这种艺术讽刺的形式,使《史记》的社会意义得以充分实现。

当我们阅读《史记》时,犹如徜徉在历史的长河之中,既感受到了史学的力量,也感受到了历史文学的艺术魅力。《史记》留给我们的遗产是丰厚的。

八 《史记》在中国文化史上的地位

"史家之绝唱,无韵之《离骚》",是对《史记》在中国文化史上所处地位的最确切的概括。作为一部富有灵魂的史诗,《史记》为我们民族的深层文化增添了色彩与亮度:如此自觉的史学精神,纯洁了史家的灵魂,也开创了史学探索人生的道路;由确立人在历史中的地位而发现人的价值与人的尊严;从对中国历史开端的思考去寻求构成强大的民族凝聚意识的坚实基础。《史记》所铸就的精神文化,丰富而深沉,卓著而不朽,千百年来,影响并哺育着我们的史家,启发并激励着我们的民族。

1. 奠定了古代史家的史学自觉精神

《史记》之不朽,是因其创例发凡、卓见绝识而不朽,更是因其所呈现出来的精神而不朽。人们对这种精神作了各种概括，或曰"实录精神"，或曰"司马迁精神"。从总的方面看来，多种关于精神方面的概括，都是为了充分体现蕴含于《史记》之中的一种"求实"精神。倘若我们认真地咀嚼《史记》，便不难发现，有一种更为深层的力量在支撑着它的"求实"精神，这便是充溢于《史记》之中的一种为人生而史学、为社会而史学的史学精神。正是这一精神赋予《史记》以永存的魅力，也是这一精神铸就了中国史学的风貌，塑造了中国史家的灵魂。

史学自觉精神的呼唤。司马迁是史官的儿子，在他继承父业时，便从其父那里获得了对于史学以及史家使命的最初认识。其父司马谈在临终时说道："今汉兴，海内一统，明主贤君忠臣死义之士，余为太史而弗论载，废天下之史文，余甚惧焉，汝其念哉！"（《史记·太史公自序》）其父溢于言表的强烈使命感，使司马迁对史学自觉精神有了一种感性的认识，而使司马迁从理性上对史学与史家使命有所理解的，是《春秋》这部著作。

司马迁在回答上大夫壶遂关于"孔子为何作《春秋》"的问题时，高度评价了《春秋》，认为它是一部集礼义之大成的历史书。《春秋》别嫌疑，明是非，善善恶恶，贤贤贱不肖，明君臣父子之道，辨人伦行事之则，是天下人的必读书。（《汉书·司马迁传》）这既是司马迁对《春秋》的评价，也是他对史学的认识。他认为史学应该探究历史发展的规律，辨别各种人事活动；对于各种复杂的历史现象，史家的责任是辨别是非，分清善恶，扬善抑恶，总结历史经验，引导社会进步。所以，史学是关于人类的自我认识，对人生具有重大的意义。司马迁指出，"《春秋》辨是非，故长于治人"。这个"是非"是指历史发展变化中的大是大非，而这里所说的"治人"，则是对于人类社会的治理。司马迁通过《春秋》具体地认识了史学的真实内容。只有对史学本身所具有的意义有了如此深刻的认识，司马迁才会因为史学而"隐忍苟活"，"是以就极刑而无愠色……虽万被戮，岂有悔哉！"（《汉书·司马迁传》）司马迁为了他心中的史学，面对刑戮表现出如此的坦然，无所畏惧，甚至因此而献身，也在所不惜。这是一种强烈的使命意识，更是一种自觉的史学精神。正是这种自觉的史学精神为司马迁构筑中国史学的丰碑，奠定了坚实的基础。

史学自觉精神的高扬。在史学中追求历史的真实，是中国史学的优良传统。早在春秋时期（公元前770年—公元前476年），孔子便以"书法不隐"作为评价"良史"的标准。(《左传·宣公二年》)《左传·宣公二年》记述，晋国史官董狐因为记载了"赵盾弑其君"而被孔子称为"古之良史"。《左传·襄公二十五年》还记述了齐国太史南史氏为书"崔杼弑其君"而不惜以身殉职的事迹。"书法不隐"作为一种优良传统，一直影响着我国古代史学的发展。

《史记》因"实录"而名垂千古。班固称其为:"其文直,其事核,不虚美,不隐恶,故谓之实录。"(《汉书·司马迁传》)清人王鸣盛在《十七史商榷》卷六中说:"子长于《封禅》《平准》等书,《匈奴》《大宛》等传,直笔无隐。"刘知几在《史通·直书》篇中列举了唐代以前史学上以"直书"称誉的史家,司马迁名列其中。

从"书法不隐"到"实录",都表现出了对历史真实的追求。但孔子所说的"书法不隐",主要是指对"君不君""臣不臣"等非礼越轨行为敢于揭露;而司马迁的"实录"则是以其广阔的历史视野,记载了包括政治、经济、军事、文化等社会诸多方面的真实的历史。孔子追求历史真实是有所保留的,如同刘知几的评价,"略外别内,掩恶扬善,《春秋》之义也"(《史通·曲笔》),孔子撰《春秋》为尊者讳,为贤者讳,为亲者讳。司马迁撰《史记》则不为尊者讳。他是崇拜孔子的,一篇《孔子世家》如同一首伟大人格的赞美诗,即便如此,司马迁并没有忘记指出孔子对管仲评价的不公以及孔子著《春秋》的不足之处。对于当代天子汉武帝,司马迁同样以不为尊者讳的态度,实录其事。他充分肯定了汉武帝的历史功绩,同时又严厉指斥汉武帝穷兵黩武、好大喜功、迷信鬼神、轻用民力、实行暴政等方面的问题。

由此看来,"实录"所追求的历史真实已不局限于对于诸侯、大夫个人违礼行为的记录,而把追求真实地揭示历史过程视为其本质内涵。"书法不隐"与"实录"作为撰史的笔法、体例,体现了其著书宗旨。孔子撰《春秋》意在利用旧文献来宣扬自己的政治主张,其意在于探索"天子之事也"。司马迁撰《史记》为"究天人之际,通古今之变,成一家之言",其意在于探索人类历史发展的真理。由追求历史真实到探索历史真理,这便是一种史学的自觉精神。司马迁所追求的只是他那个时代的历史真实,他所探索的历史真理,也只能是他那个时代的历史真理。

在我国史学史上,自从有了文字记录的历史,褒贬人物便成为其中一个重要的组成部分,史官也因此而获得"褒贬"的权力。梁玉绳在《〈汉书人表考〉序》中说:"褒贬进退,史官之职。"司马迁懂得史学的价值与意义,他肯定了《春秋》"别嫌疑,明是非,定犹豫,善善恶恶,贤贤贱不肖"的社会作用。他还认为,"《春秋》采善贬恶,推三代之德,褒周室,非独刺讥而已也"。孔子以扬善惩恶的方式,希望重兴已灭亡了的国家,继续断绝了的世系,振兴被废置的事业。史官以"褒贬"的方式,关注社会现实;而史官的价值评价,又将史学与社会历史的发展与变化联系在一起。这样,史官的"褒贬"便因此而具有了神圣的意味。

《史记》也是以"褒贬"的方式来关注历史与现实的。

班固称其"不虚美,不隐恶",其中便有"褒贬"的含义。《史记》是"以无数个人传记之集合体成一史"(梁启超《要籍解题及其读法》)的,其中本纪、世家、列传无不涉及对人物的"褒贬"。如司马迁称文帝为"有德君子"(《史记·律书》),评商鞅为"天资刻薄"(《史记·商君列传》)。倘若我们的目光仅仅落在司马迁对人物道德品性的善恶评论上,那么就将忽视司马迁行使"褒贬"使命的真实意义。

关于司马迁"褒贬"的标准。在汉初,统治者几乎异口同声地谴责秦的暴虐,根本看不到它的历史功绩。就连贾谊这样对秦亡的原因作过比较深刻论述的学者,也不免持这种片面的见解。而司马迁则充分肯定了秦统一六国是顺应了历史发展的趋势。他说:"秦取天下多暴,然世异变,成功大。传曰'法后王',何也?以其近己而俗变相类,议卑而易行也。学者牵于所闻,见秦在帝位日浅,不察其终始,因举而笑之,不敢道,此与以耳食无异。悲夫!"(《史记·六国年表》)司马迁并不否认秦的暴政,但他所肯定的是秦的统一所带来的社会历史的发展。在《史记·秦楚之际月表》中,他作了十分精辟的概括与评价:"太史公读秦楚之际,曰:初作难,发于陈涉;虐戾灭秦,自项氏;拨乱诛暴,平定海内,卒践帝祚,成于汉家。"其中对陈涉、项羽的肯定,都是着眼于他们所起的历史作用。所以,司马迁是注重从历史作用的角度来对历史人物进行评价的。

关于司马迁"褒贬"的形式。司马迁在《平准书》和《酷吏列传》中较为集中地写了汉武帝时期在政治上和经济上存在的种种社会矛盾,在矛盾展开的过程中评论汉武帝。《平准书》首先记述了汉兴七十多年后的繁荣景象,与此同时,司马迁也揭示出了隐藏在这一繁荣景象背后的诸多社会矛盾。他十分清醒地认识到,汉代社会这种表面的繁荣以及潜在的社会危机,将导致社会发展趋势的变化。所以,他得出了如此精辟的结论:"物盛而衰,固其变也。""物盛而衰"是事物自身发展变化的一种趋势。司马迁明确指出,加剧这种趋势转化的是汉武帝的一系列内外政策。汉武帝招东瓯,平两越,通西南夷,灭朝鲜,再加之频繁讨伐匈奴,连年大规模的战争和兴作,致使"中外骚扰而相奉,百姓抏弊以巧法,财赂衰耗而不赡。入物者补官,出货者除罪,选举陵迟,廉耻相冒,武力进用,法严令具"(《史记·平准书》)。为了解决庞大的财政支出,武帝又实行种种严厉的财政措施和严刑峻法,使经济遭到严重的破坏,社会出现了动乱。于是,西汉王朝由强盛繁荣逐渐走向衰落,政治、经济面临着危机。他对于汉武帝的褒与贬,便在这现实社会矛盾酝酿着的重大变化中表现了出来。这与其说是对汉武帝的"褒贬",不如说是对现实所展开的批判。

《春秋》之"褒贬",其目的在于"是非二百四十二年之中,以为天下仪表"。孔子希望通过"褒贬"规范君、臣的伦理道德行为,"以达王事而已矣","故《春秋》者,礼义之大宗也"。《史记》之"褒贬",其意何在?上文所引司马迁的这句话似乎可以作为回答:"《春秋》采善贬恶,推三代之德,褒周室,非独刺讥而已也。"(《史记·太史公自序》)这就是说,司马迁认为"褒贬"并非仅仅是一种刺讥。《史记》所表现出来的"褒贬",更多的是一种对历史与现实的分析与批判。所以,司马迁的"褒贬"将局限于历史人物的道德判断上升到对历史和现实的分析与批判。这一做法体现出了司马迁深邃的史学思想,即从对历史和现实的分析与批判中获得对历史的理性认识,寻求社会历史发展的规律。由此体现出来的,是司马迁对史学的一种追求,也是他对史学的自觉。

关于司马迁创立新体例的价值和意义。本纪、表、书、世家、列传这五种体例在司马迁写《史记》之前已分别出现。但在司马迁之前,人们只是孤立地运用各种体例,而把这几种体例综合起来,写成一部历史著作,则是司马迁的伟大创造。《史记》以贯穿古今而成为通史,以包罗社会各个方面而成为全史。在司马迁的历史视野之中,几千年社会生活的方方面面被融为一体,即人类社会的历史是一个统一的整体,它包括过去、现在与未来,也包括与人类社会生活有关的各个方面。《史记》所开创的新体例,为人们寻找到了一种反映人类社会历史面貌、探索历史进程之法则的典型形式。这是一种自觉的史学意识,它表现为史家从时间和空间上对史学作了极好的把握,为认识历史的纷繁表象和丰富的内涵提供了条件。

史学自觉精神的境界。史学是史家对客观历史发展过程的主观反映,只有当其主观反映含有或者说符合客观历史发展过程的真实时,他才能获得对于客观历史发展过程的真理性的认识。每一个时代有每一个时代的历史真理,《史记》以"实录"而名垂千古,它真实地反映了历史,也是对历史进行真理性认识的记录。司马迁所获得的历史认识,是他那个时代对于历史真理性认识的最高水平。

关于"成败兴坏之理"。司马迁通过对秦汉之际历史的详尽而深刻的考察,获得了对决定朝代兴亡原因的深刻认识。在《秦始皇本纪》后论中,司马迁借用贾谊的话评论秦始皇统一事业的成功:"周室卑微,五霸既殁,令不行于天下,是以诸侯力政,强侵弱,众暴寡,兵革不休,士民罢敝。今秦南面而王天下,是上有天子也。既元元之民冀得安其性命,莫不虚心而仰上,当此之时,守威定功,安危之本在于此矣。"他记楚汉战争,生动地写出了刘邦之所以最终获得胜利的一个原因:"汉元年十月……(刘邦)还军霸上。召诸县父老豪杰曰:'父老苦秦苛法久矣,诽谤者族,偶语者弃市。吾与诸侯约,先入关者王之,吾当王关中。与父老约,法三章耳:杀人者死,伤人及盗抵罪。余悉除去秦法。诸吏人皆案堵如故。凡吾所以来,为父老除害,非有所侵暴,无恐……'乃使人与秦吏行县乡邑,告谕之。秦人大喜,争持牛羊酒食献飨军士。"(《史记·高祖本纪》)司马迁在记述历史上重大的"成败兴坏"问题的时候,常常都注意到对于民心向背的分析,反映出他对于人民在决定朝代兴亡中有着至关重要的作用这一真理性的认识。在《史记·萧相国世家》后论中也有类似的表述,他称赞萧何辅佐刘邦,"谨守管籥,因民之疾秦法,顺流与之更始"。这里的"顺流"即顺民心之所向。刘邦在楚汉战争中获得成功,原因当然是多方面的,但顺应民心,无疑是最根本的原因。

司马迁认为,为政之道是以"德治"使天下兴盛太平,这是他所获得的关于"成败兴坏"的又一真理性的认识。他在《史记·秦楚之际月表》序中说,虞、夏之兴,"积善累功数十年,德洽百姓";"汤、武之王,乃由契、后稷修仁行义十余世",而后有天下,子孙百世不绝。秦以暴力得天下,"销锋镝,锄豪杰,维万世之安",结果二世而亡,"乡秦之禁,适足以资贤者为驱除难耳"。《史记·太史公自序》中云,"非兵不强,非德不昌,黄帝、汤、武以兴,桀、纣、二世以崩,可不慎欤?""汉兴,孝文施大德,天下怀安"。以上论述体现出了司马迁的一个真理性的认识:"德治"对一个朝代的兴亡成败具有决定性的意义。

用人得失直接关系到国家的存亡安危，这是由司马迁所揭示出的又一关于"成败兴坏"的真理性认识。他认为："君子用而小人退"，是"国之将兴"的征兆；反之，"贤人隐，乱臣贵"则是"国之将亡"的迹象。于是，他在《史记·楚元王世家》后论中指出："甚矣，'安危在出令，存亡在所任'，诚哉是言也！"他还认为即便是尧那样的贤君，也是因"得禹而九州宁"；周文王、武王之有天下，也是得力于众多贤才的辅佐；秦并天下、楚灭汉兴，都是因为有一大批贤相良将在起作用。为此，司马迁寓意深长地指出：想要治平天下，"唯在择任将相哉！唯在择任将相哉！"（《史记·匈奴列传》）

　　关于"究天人之际"。这是司马迁对"天人关系"的真理性认识的追求。通过对"天道"的怀疑和否定，司马迁阐明了人在历史进程中的主体作用，并揭示出"时势"与人的历史活动的关系。《史记·伯夷列传》对"惩恶佑善"的天道提出了质疑，他认为是人在影响着历史的发展。《史记》中的《项羽本纪》与《高祖本纪》记述了楚亡汉兴的历史，具体说明了人心向背决定着成败兴亡。司马迁指出了项羽将其失败归咎于"天亡我"的荒谬，同时又以刘邦之口说出了人谋对历史发展的意义："夫运筹策帷帐之中，决胜于千里之外，吾不如子房。镇国家，抚百姓，给馈饷，不绝粮道，吾不如萧何。连百万之军，战必胜，攻必取，吾不如韩信。此三者,皆人杰也,吾能用之,此吾所以取天下也。项羽有一范增而不能用,此其所以为我擒也。"(《史记·高祖本纪》)这说明,刘邦得天下是由于他善于用人,而并非是"天意"使然。

当然,司马迁也还没有完全摆脱"天命"的窠臼和"天人感应"说的影响。如他在讲刘邦建立汉王朝时说:"岂非天哉,岂非天哉!非大圣孰能当此受命而帝者乎?"(《史记·秦楚之际月表》)又如,他一方面指出"星气之书,多杂禨祥,不经"(《史记·太史公自序》),一方面又说日、月、孛星、云、风的变化"与政事俯仰,最近天人之符。此五者,天之感动"(《史记·天官书》)。天道和人事又成了一体。但这并不影响我们说司马迁获得了关于"天人关系"的某些真理性的认识,因为他毕竟对"天道"提出了大胆的怀疑,他毕竟看到了人在社会历史发展进程中的主体作用。这就是他那个时代对于"天人关系"的真理性认识。

关于"通古今之变"。这既是司马迁写作《史记》的宗旨之一,也是他通过史学实践揭示古今关系,从而实现对历史的真理性认识的一种追求。"变"是这一真理性认识的核心。他认为宇宙间一切事物都在"变",只有用"变"的观点才能探究事物的本质和规律。他在《史记·太史公自序》中说,"天人之际,承敝通变","略协古今之变";又说,"臣弑君,子弑父,非一旦一夕之故也,其渐久矣"。

他在《史记·高祖功臣侯者年表》序中说:"居今之世,志古之道,所以自镜也,未必尽同。帝王者各殊礼而异务,要以成功为统纪,岂可绲乎?观所以得尊宠及所以废辱,亦当世得失之林也,何必旧闻?"司马迁提出以古为镜,但同时又强调了古今不同。

贯穿于司马迁"通古今之变"这一真理性认识之中的核心内容,便是历史变化和社会进步的观点。司马迁在《史记·太史公自序》中说明作八书的用意时指出,"礼乐损益,律历改易,兵权山川鬼神,天人之际,承敝通变,作八书"。他又说,"礼因人质为之节文,略协古今之变";"乐者,所以移风易俗也……比《乐书》以述来古,作《乐书》第二",考察自古以来乐的兴废;太公望、孙武子、吴起、王子成甫等对古代兵书《司马法》"能绍而明之,切近世,极人变"……这些都着眼于古今之变。司马迁认为,社会历史是变动的,也是在变动中不断进步的。

司马迁提出的"稽其成败兴坏之理""究天人之际"以及"通古今之变",无论我们将其视为司马迁撰史的目的,或是视为司马迁的历史思想,其中都包含着司马迁通过史学实践而获得的认识成就。经过千百年的史学实践和历史实践的检验,由《史记》所反映出来的这些真理性的认识成果将光辉永存。

探索历史的进程及其规律,不仅需要卓识远见,更需要无畏与勇气。司马迁欲"究天人之际,通古今之变,成一家之言",这不仅是他撰史的目的,也是他的一种历史思想,更体现了他作为一位伟大史学家的胸怀与勇气。"成一家之言"蕴含着他对历史的独立见解,同时也显示出一种无所畏惧的勇气。司马迁继承《春秋》"贬天子,退诸侯,讨大夫"的批判精神,关注现实政治得失。为坚持历史真实,他"不虚美,不隐恶",由此表现出他探索历史真理的勇气。为了《史记》的撰述,他甚至"隐忍苟活,函粪土之中而不辞"。司马迁以圣贤发愤著书为榜样,"草创未就……是以就极刑而无愠色"。他还说:"仆诚已著此书,藏之名山,传之其人,通邑大都,则仆偿前辱之责,虽万被戮,岂有悔哉!"(《史记·司马迁传》)正是这种信念与勇气使司马迁获得了丰富的关于历史之真理性的认识。

司马迁评《吕氏春秋》时说:"吕不韦乃使其客,人人著所闻,集论以为八览、六论、十二纪,二十余万言。以为备天地万物古今之事,号曰《吕氏春秋》。"(《史记·吕不韦传》)司马迁评《春秋》时说:"《春秋》文成数万,其指数千。万物之散聚皆在《春秋》。"(《史记·太史公自序》)"备天地万物古今之事",即是说《吕氏春秋》记录了"天地万物古今之事"。"万物之散聚皆在《春秋》",这是说《春秋》不仅记录了"万物古今之事",且对其发展变化的过程也作了记载。司马迁没有在此止步,他在《史记·

伯夷列传》中说:"圣人作而万物睹。"《史记正义》注为:"太史公引此等相感者,欲见述作之意,令万物有睹也。孔子殁后五百岁而己当之,故作《史记》,使万物见睹之也。"对此,朱熹和王夫之都曾作过解释,他们认为,"圣人作而万物睹"的意思是:圣人作著,以便让后人从中获得对世事的认识和理解。我们说司马迁撰述是为了"稽其成败兴坏之理",是为了"究天人之际""通古今之变",那么寻求这些历史认识的目的又是什么呢?司马迁的叙述是明确的,即"令万物有睹也",就是让人们认识"万物",从"万物"中获得启示。司马迁认为史学就是应该引导人们去发现历史真理,认识历史真理。他是这样思考的,也是这样去从事史学实践的。司马迁著《史记》不仅描述了历史发展变化的过程,还以自身的历史思想和史学思想引导人们认识这变化发展的历史过程。

史学的自觉精神表现为一种境界,这一境界包含着史家探索历史真理和坚持历史真理的决心和勇气。史学的尊严在于其揭示历史的真理,史家的尊严在于其探索和坚持历史真理的决心和勇气。如前所说,真理是有时代性的,是在不断发展的。作为史学家,司马迁达到了他那个时代的认识历史真理的高峰。

司马迁不朽,是因其具有史学自觉精神而不朽;《史记》不朽,是因其作为史学自觉精神的载体而不朽。

2. 确立了重视人的历史主体地位的思想

司马迁以历史人物为中心来写历史，在这首创的史书体例中，最具影响的部分是司马迁对人的价值与人的尊严的讴歌。司马迁创立以人物活动为中心的史书体例，对中国史学发展的意义，并非仅仅在于开创了一种新的编纂形式，更为重要的是它在史学中确立了人在历史演进过程中的主体地位的编纂思想。司马迁撰述的《史记》是一部人关于自身认识的历史，它包括人对自身历史的认识，对自身作用的认识，以及对自身本质的认识。

人的历史。从春秋时期到战国时期，重人轻天的观念在不断发展，人们在观察和处理社会生活中的许多事情时，逐渐将视角由神的世界转移到人的世界。在《春秋》《左传》《国语》《战国策》等书中，越来越突出地讲到了人在历史发展中的作用。但这些记载或论述，还只是零星的和初步的。一部史书，不仅在观念上，而且在内容上和形式上，真正肯定人在历史发展中所具有的主导地位，则自《史记》开始。

《史记》以前的史书，或以记言为中心，或以记事为中心，而《史记》则是以记人为中心的综合体史书。《史记》以记人为中心，突出表现在三个方面：一是为记"王迹所兴"而"著十二本纪"；二是为记"辅拂股肱之臣"而"作三十世家";三是为记"扶义俶傥,不令己失时,立功名于天下"的各阶层人物而"作七十列传"。这样,司马迁就不仅是在观念上,同时也在具体的撰述形式上,确立了人在历史演进过程中的中心位置。这是中国史学上将历史视为人的历史的开端。

司马迁的《史记》"上记轩辕,下至于兹",写的是一部通史。从十二本纪来看,这一历史进程完全是由人事为发展线索而显示出来的。如《五帝本纪》,是通过区别纷繁的文献和实地考察所得,厘清黄帝的事迹,"择其言尤雅者"入史。而夏、殷、周、秦四本纪,都是首叙各朝始祖之姓,次叙各朝大事。《秦始皇本纪》讲了秦始皇的功业和贾谊对秦始皇政治方面的批评;《项羽本纪》叙述项羽"将五诸侯灭秦,分裂天下,而封王侯,政由羽出"的史实,并揭示了项羽"身死东城,尚不觉寤而不自责"的悲剧;《高祖本纪》意在表述夏、殷、周、秦、汉政治的历史递变;《吕太后本纪》《孝文本纪》《孝景本纪》着意于写出当时的政治统治局面。十二本纪的后论表明,司马迁是完全抛开了"天命",而在写一部贯通古今的人事的历史。这在历史观念上和历史撰述上,都是伟大的创举。

司马迁在叙述伯夷、叔齐饿死首阳山的历史后,他说,"或曰:'天道无亲,常与善人。'"而伯夷、叔齐都是无可非议的品德高尚的人,但他们却被饿死,这怎么解释呢?

他还说："若至近世，操行不轨，专犯忌讳，而终身逸乐，富厚累世不绝。或择地而蹈之，时然后出言，行不由径，非公正不发愤，而遇祸灾者，不可胜数也。余甚惑焉，傥所谓天道，是邪非邪？"(《史记·伯夷列传》)司马迁否定了"天道"所规定的历史，确定了历史是人的历史，从而力图从人事活动中去寻找历史规律。

人的作用。司马迁为陈涉立世家，评价陈胜时说："陈胜虽已死，其所置遣侯王将相竟亡秦，由涉首事也。"(《史记·陈涉世家》)他赞扬刘敬的胆识，说他向刘邦献定都关中之策，乃"建万世之安"(《史记·刘敬叔孙通列传》)。他评价曹参"为汉相国，清静极言合道。然百姓离秦之酷后，参与休息无为，故天下俱称其美矣"(《史记·曹相国世家》)。他说周勃，"始为布衣时，鄙朴人也，才能不过凡庸。及从高祖定天下，在将相位，诸吕欲作乱，勃匡国家难，复之乎正。虽伊尹、周公，何以加哉！"(《史记·绛侯周勃世家》)司马迁注重于亡秦、建汉、安邦这些历史转折关头和重大历史事变中去发现人对于历史进程所起的关键作用。

司马迁是一位冷静的史学家，他不是凭个人感情的好恶来判断历史人物的价值，而是从历史进步与发展的角度去肯定人对于历史发展过程所起的作用。对于曾经使他遭受奇耻大辱的汉武帝，司马迁仍然以公允的笔法对其历史功绩作了充分的肯定。他肯定汉武帝加强中央集权的措施，认为实行推恩令，起到了强干弱枝的作用，有利于汉的统一。他也肯定了汉武帝在兴修水利事业方面的贡献。在《史记·河渠书》中，他对汉武帝治河的业绩给予了高度认可。他作《孝武本纪》是要说明："汉兴五世，隆在建元，外攘夷狄，内修法度，封禅，改正朔，易服色。"这些都证明了汉武帝的历史功绩。司马迁说商鞅"天资刻薄"，甚至不赞成商鞅以严酷法治为基础的社会改革，但他对商鞅变法为秦国强大所产生的巨大作用则是十分称道的。他说："卒用鞅法，百姓苦之；居三年，百姓便之。"（《史记·秦本纪》）"居五年，秦人富强，天子致胙于孝公，诸侯毕贺。"（《史记·商君列传》）

司马迁重视人的作用，并将这种作用同国家的存亡安危联系起来看待。他认为："国之将兴，必有祯祥，君子用而小人退。国之将亡，贤人隐，乱臣贵。"国家的兴衰存亡，无不与人的作用紧密相联。所以，他在考察汉与匈奴的关系时，寓意深长地指出，要使国家强盛、太平，"唯在择任将相哉！唯在择任将相哉！"（《史记·匈奴列传》）

司马迁所赞赏的不仅有历代圣君贤相、功臣名将，他还注意到了普通人在社会中的作用。他在《史记·太史公自序》中说："救人于厄，振人不赡，仁者有乎；不既信，不倍言，义者有取焉。作《游侠列传》第六十四。""不流世俗，不争势利，上下无所凝滞，人莫之害，以道之用。作《滑稽列传》第六十六。""布衣匹夫之人，不害于政，不妨百姓，取与以时而息财富，智者有采焉。作《货殖列传》第六十九。"司马迁在《游侠列传》中称道游侠说："今游侠，其行虽不轨于正义，然其言必信，其行必果，已诺必诚，不爱其躯，赴士之厄困，既已存亡死生矣，而不矜其能，羞伐其德，盖亦有足多者焉。"作为史学家，他感到一种深深的遗憾，那就是他在本文中说的"至如闾巷之侠，修行砥名，声施于天下，莫不称贤，是为难耳。然儒、墨皆排摈不载。自秦以前，匹夫之侠，湮灭不见，余甚恨之"。可见，他对于这些"闾巷之侠"抱有深深的敬意。他说："汉兴有朱家、田仲、王公、剧孟、郭解之徒，虽时扞当世之文罔，然其私义廉洁退让，有足称者。名不虚立，士不虚附。至如朋党宗强比周，设财役贫，豪暴侵凌孤弱，恣欲自快，游侠亦丑之。余悲世俗不察其意，而猥以朱家、郭解等令与暴豪之徒同类而共笑之也。"(《史记·游侠列传》)司马迁所称道的是游侠的人格、品质，并将游侠同"暴豪之徒"进行了区别，以便让世人对他们有更多的了解和认识。司马迁对《游侠列传》的评说，表现出他对于社会中普通人的人格价值的肯定；同时，司马迁对他们的记述与评论，也给社会带来一种道德力量的影响。

司马迁关于人在历史进程中的作用的表述，继承和发展了先秦时期人本主义的思想传统,丰富和加深了人对于自身力量与作用的认识。从这个意义上说,《史记》一书是使历史成为人的历史,史学成为史家对于历史的理性认识的标志。人在历史进程中的主导作用,在《史记》中得到了充分的说明。

这或多或少已涉及人的本质的问题。马克思认为人的本质不在于人的生物基质和脱离社会的自然共同性,而是在于人的社会本质,即人的社会关系。司马迁正是从历史上人与人之间的关系来把握人的本质的。

在《史记·货殖列传》中司马迁指出:"待农而食之,虞而出之,工而成之,商而通之。此宁有政教发征期会哉?人各任其能,竭其力,以得所欲。故物贱之征贵,贵之征贱,各劝其业,乐其事,若水之趋下,日夜无休时,不召而自来,不求而民出之。岂非道之所符,而自然之验耶?"这就是说,人们从事物质生产的过程有其自身法则,而这种法则是一种自然的法则,它不以人的意志为转移,并且制约着人的各种社会活动。司马迁认为,人们对物质生活的追求是人的一种本性。他说:"夫神农以前,吾不知已。至若《诗》《书》所述虞夏以来,耳目欲极声色之好,口欲穷刍豢之味,身安逸乐,而心夸矜势能之荣。使俗之渐民久矣,虽户说以眇论,终不能化。故善者因之,其次利道之,其次教诲之,其次整齐之,最下者与之争。"正因为如此,所以,

"天下熙熙，皆为利来；天下攘攘，皆为利往"。为了说明追求物质利益是人们一切活动的推动力，司马迁就此发表了很大一段议论，他说，贤人们深思熟虑，在朝廷里发议论，出谋划策，为的是什么呢？为的是得到大量的财富。名士们守信死节隐居在岩穴之中，洁身自好，为的是什么呢？为的是"归于富厚"。所谓"廉吏"，是想使官做得更长，从而更加富有；贪欲不大的"廉贾"，其目的也是致富；军队中的将卒，在战场上不避汤火，攻城驰野，英勇杀敌，为的是得到更多的赏赐；那些行为不轨的年轻人，遛街串巷，抢掠争斗，或者掘冢铸币，借机报仇，无视法网，连死都不顾，为的是获得钱财；那些风流的女子，梳妆打扮，修饰容貌，弹歌跳舞，不远千里，不择老少，为的是财富；那些游闲公子，衣冠楚楚，连车结骑，交游结伴，为的是富贵；那些猎户渔民，披星戴月，冒着霜雪，驰骋于坑谷之中，出入于猛兽之间，为的是得到美味；那些以赌博卖技、斗鸡走狗为生的人，厉声厉色，互不相让，必定要取胜才罢休，为的是怕输钱；那些有一技之长的人，为人做活，焦思劳神，竭尽自己的能力，为的是得到更多的报酬；那些官吏士人，舞文弄墨，甚至不惜伪造印章、证书，不避刀锯之祸，为的是得到贿赂；至于农、工、商、贾，从事生产活动，当然是为了谋取财货。司马迁这段入木三分的议论，从大量的社会现象中，揭示出人们从事各种活动的根本动机，无不是为了追求物质财富。

司马迁对人们由于不同的经济地位而形成的道德观念进行了考察。他说："凡编户之民，富相什则卑下之，伯则畏惮之，千则役，万则仆，物之理也。"(《史记·货殖列传》)"'仓廪实而知礼节，衣食足而知荣辱。'礼生于有而废于无。故君子富，好行其德；小人富，以适其力。"(《史记·货殖列传》)以人的经济地位来解释其不同的思想意识、不同的道德行为，这是从人的本质出发去说明历史，说明人的实践活动。他认为，在政治上居于统治地位，经济上享有种种特权，拥有大量财富的上层封建贵族、大地主，即凭借"权利以成富"(《史记·货殖列传》)的人们，他们标榜仁义道德，利用这种虚伪的道德来巩固他们的政治、经济利益。而那些政治上无权位、经济上处于不稳定地位的"布衣之徒"、普通生产者，他们的道德表现如同前引《游侠列传》中的朱家、郭解等一样，"其言必信，其行必果"(《史记·游侠列传》)。他们几乎没有财产，但他们可以舍弃一切，去解救处于危难之中的人。

司马迁关于人的作用的理解与解释，首先是没有从根本上摆脱"天命"的束缚，其次是还未形成系统的理论认识。但他关于人的实践活动的解释，已经具有了唯物主义的思想因素。

3. 第一次表达了强烈的民族凝聚意识

突出而强烈的民族凝聚意识，是《史记》作为精神文化遗产的又一个重要的组成部分。它的这种民族凝聚意识主要反映在三个方面：一是对多民族统一国家的历史的认识；二是对文化传统的继承和阐明，进一步促进了对文化传统的认同；三是对多民族的历史源头的探索，增强了对多民族国家同源共祖的历史的共识。在这些问题上，司马迁继承了孔子的有关思想，但司马迁所处的时代与孔子所处的时代毕竟有很大的不同，所以他在继承孔子思想的基础上，把民族凝聚意识反映得更鲜明、更突出，同时也更具有长远的历史影响。

关于对多民族统一国家的历史的认识。《史记·太史公自序》里记司马谈临终遗言说："自获麟以来四百有余岁，而诸侯相兼，史记放绝。今汉兴，海内一统，明主贤君忠臣死义之士，余为太史而弗论载，废天下之史文，余甚惧焉，汝其念哉！"这是他对司马迁所说的很重要的一段话。这里，司马谈特别强调了从"诸侯相兼"到"海内一统"的历史变化。司马迁痛心而坚定地表示："小子不敏，请悉论先人所次旧闻，弗敢阙。"可见，写出一部"海内一统"的历史，是司马谈、司马迁父子的共同志向。

从"诸侯相兼"到"海内一统"，一方面表明了政治上的重大变化，另一方面也包含了多民族国家形成的思想。这从《史记》序目中就能反映出来。司马迁在《史记·太史公自序》中写道：

> 太伯避历，江蛮是适；文武攸兴，古公王迹。阖庐弑僚，宾服荆楚；夫差克齐，子胥鸱夷；信嚭亲越，吴国既灭。嘉伯之让，作《吴世家》第一。

....

> 武王克纣，天下未协而崩。成王既幼，管蔡疑之，淮夷叛之，于是召公率德，安集王室，以宁东土。燕哙之禅，乃成祸乱，嘉《甘棠》之诗，作《燕世家》第四。

....

> 少康之子，实宾南海，文身断发，鼋鳝与处，既守封禺，奉禹之祀。勾践困彼，乃用种、蠡。嘉勾践夷蛮能修其德，灭强吴以尊周室，作《越王勾践世家》第十一。

以上这些文字，极其简练地概括了司马迁撰写各篇的理由、目的，其中所反映出来的一个根本性的问题，即司马迁要强调国家的统一。通过对"诸侯"间的史事以及众多民族的史事的记述，显示出多民族关系不断密切的历史进程。

司马迁笔下的"诸侯相兼"的空间,并不限于中原地区,其所涉及的民族是很广泛的。他笔下的"海内一统"也并不限于中原地区,而是包含周边的许多民族地区在内。

《史记》一书正是从这个认识上写出了多民族统一国家的历史面貌。它写了《匈奴列传》《南越列传》《东越列传》《朝鲜列传》《西南夷列传》《大宛列传》,分别按地区写出了北方、南方、东南、东北、西南、西北民族的历史。把这六篇列传综合起来,可以说是当时的一部完整的民族史;而其中有些记载,已超出了当时的和今日的国境范围。这种多民族国家的历史视野,只有在秦汉统一国家即"海内一统"以后才可能产生。

更重要的是,《史记》虽记载了不同民族社会发展的不平衡状况,但并不着力渲染夷夏之别,没有明显的狭隘的民族思想。司马迁认为,"禹兴于西羌"(《史记·六国年表》),而为夏后氏之祖。秦之先祖大费,其子孙"或在中国,或在夷狄"(《史记·秦本纪》)。春秋时,秦以"小国僻远,诸夏宾之,比于戎翟"(《史记·六国年表》)。周人的先世曾"奔戎狄之间",到古公亶父时始"贬戎狄之俗"(《史记·周本纪》)。匈奴,是"夏后氏之苗裔"(《史记·匈奴列传》)。他还说:"余读《春秋》古文,乃知中国之虞与荆蛮、勾吴兄弟也。"(《史记·吴太伯世家》)"越王勾践,其先禹之苗裔,而夏后帝少康之庶子也。"(《史记·

越王勾践世家》)(以上参见白寿彝主编《中国通史》第一卷《导论》)这些认识所反映出来的"海内一统"的思想，不仅具有政治的内涵，还具有多民族的观念。

对思想文化传统的继承、阐发和认同。《史记·太史公自序》记载了司马谈论阴阳、儒、墨、名、法、道德等先秦六家的思想要旨，并对它们的长短作了评价，这是继《荀子·非十二子》《庄子·天下》之后，对先秦以来思想文化传统的又一次总结。从这个总结中可以看出，先秦以来诸子百家对远古传说、夏商更迭、周室兴衰、社会前途、道德法制、尊卑等级、人生价值、天道人道、治世方术等历史思想文化的诸多见解，已在相互渗透、吸收之中成为深厚的思想文化传统，深深地影响着西汉社会的意识形态。这种思想文化传统的历史联系，在《史记》中第一次通过史学家的大手笔得到了系统的阐发，成为后人认识历史、解读历史、认同历史的重要资料。

司马迁在这个问题上的贡献，除在《史记·太史公自序》中引述了他父亲的《论六家要指》外，还表现在以下两个方面。

第一，司马迁在《史记》中为许多思想家立传，给他们以应有的历史地位。他尊重孔子，把孔子列入世家；他写了《管晏列传》《老子韩非列传》《司马穰苴列传》《孙子吴起列传》《仲尼弟子列传》《商君列传》《苏秦列传》

《张仪列传》《孟子荀卿列传》等。他写《孔子世家》是出于这样的认识："周室既衰，诸侯恣行。仲尼悼礼废乐崩，追修经术，以达王道，匡乱世反之于正，见其文辞，为天下制仪法，垂六艺之统纪于后世。"这句"垂六艺之统纪于后世"的历史分量，难以用语言来说明，它既是司马迁本人对孔子与六艺的理解，也反映出了孔子与六艺在西汉思想文化中的地位。司马迁还一一说明："孔氏述文，弟子兴业，咸为师傅，崇仁厉义。作《仲尼弟子列传》第七。""李耳无为自化，清净自正；韩非揣事情，循势理。作《老子韩非列传》第三。""猎儒墨之遗文，明礼义之统纪，绝惠王利端，列往世兴衰。作《孟子荀卿列传》第十四。"他对兵家、纵横家等也都作了概括。（以上均见《史记·太史公自序》）可以这样认为，司马迁在《荀子·非十二子》《庄子·天下》《论六家要指》的基础上，于《史记》中融入了丰富的学术思想史的内容，使其成为这一宏伟历史长卷的一个不可分割的部分。

第二，司马迁在《史记·太史公自序》里详载了他同上大夫壶遂的一番论辩。它不只是反映出了一个历史事实，更重要的是司马迁借此表明了他对以儒家为代表的思想文化传统的态度。这个态度就是他父亲司马谈说的"绍明世，正《易传》，继《春秋》，本《诗》《书》《礼》《乐》之际"。壶遂向司马迁提出了两个非常尖锐的问题：第一个是"昔孔子何为而作《春秋》哉？",第二个是"孔子之时，上无明君，下不得任用，故作《春秋》，垂空文以断礼义，当一王之法。今夫子上遇明天子，下得守职，万事既具，咸各序其宜，夫子所论，欲以何明？"。对于第一个问题，司马迁是从君臣父子的"礼义之旨"来进行回答的。他说:"《春秋》者,礼义之大宗也。夫礼禁未然之前,法施已然之后；法之所为用者易见，而礼之所为禁者难知。"这是从礼、法关系上，强调了《春秋》内在精神的重要性。在回答第二个问题时，司马迁首先引证了司马谈关于伏羲、尧舜、汤武、孔子时《易》《书》《礼》《乐》《诗》《春秋》产生的条件与原因，认为"《春秋》采善贬恶，推三代之德，褒周室，非独刺讥而已也"。然后强调了他曾担任过的太史令这一职务的神圣责任，指出："士贤能而不用，有国者之耻；主上明圣而德不布闻，有司之过也。且余尝掌其官，废明圣盛德不载，灭功臣世家贤大夫之业不述，堕先人所言，罪莫大焉。"这段对话，进一步明确地从历史演进的观点阐发了"六艺"产生的历史及其重要地位，并把他本人的职守、家学同这一历史文化传统联系起来，使司马迁对思想文化传统的继承、阐发和认同昭然可见。这种深刻的历史感和崇高的使命感,也是司马迁之所以能够"成一家之言"的重要原因。

关于历史源头的探索。司马迁著《史记》的宗旨之一是"通古今之变"。所谓"今",他一直写到《孝武本纪》,即他所处的汉武帝时代。所谓"古",究竟从哪里开始呢?这是司马迁要回答的一个重大问题。以当时的眼光来看,这是要回答中国历史的源头起于何时的问题。因此司马迁对这个问题是非常郑重的。《史记》以《五帝本纪》作为卷首,又以黄帝事迹列于《五帝本纪》之首,这当然不是偶然的。对此,他是这样概括的:"网罗天下放失旧闻,王迹所兴,原始察终,见盛观衰,论考之行事,略推三代,录秦汉,上记轩辕,下至于兹……"这就是他为《史记》所规定的上限和下限。司马迁为什么把《史记》的上限定在黄帝时期?他对此曾作了很认真的说明:

> 学者多称五帝,尚矣。然《尚书》独载尧以来;而百家言黄帝,其文不雅驯,荐绅先生难言之。孔子所传宰予问《五帝德》及《帝系姓》,儒者或不传。余尝西至空桐,北过涿鹿,东渐于海,南浮江淮矣;至长老皆各往往称黄帝、尧、舜之处,风教固殊焉,总之不离古文者近是。予观《春秋》《国语》,其发明《五帝德》《帝系姓》章矣,顾弟弗深考,其所表见皆不虚。《书》缺有间矣,其轶乃时时见于他说。非好学深思,心知其意,固难为浅见寡闻道也。余并论次,择其言尤雅者,故著为本纪书首。(《史记·五帝本纪》)

这里说的"本纪书首",就是《史记》的书首,也就是"通古今之变"这个"古"的开端。从上文可以看出,司马迁对"学者"、"百家"、"长老"、"荐绅先生"、孔子的所传以及他本人的访问见闻,还有《春秋》《国语》《五帝德》《帝系姓》这些历史文献的有关记载,是作了综合考察的。从这里,我们可以得到这样两点认识:第一,自春秋以来至于汉初,人们对古史的追寻已超出了夏、商、周三代而颇重视于黄帝的传说,从"学者"到"长老"对此都予以关注,成为一种比较普遍的历史文化心理。这一事实给予司马迁以极大的影响。第二,司马迁突破《尚书》的界限,把黄帝"著为本纪书首",在中国第一部通史巨著中确认了这种历史文化心理,由此这种历史文化心理在中国历史上产生了巨大且深远的影响,黄帝也成为中华民族的共同的祖先。尽管清代以来有些学人出于求实的要求,对此提出疑问,并做了不少很有价值的考信工作,但《史记》问世后所产生的这个影响,却是真切的。

司马迁所谓"上记轩辕,下至于兹",不仅在本纪中反映出来,在《史记》的表、书中也各有反映。《史记·三代世表》载:

> 太史公曰:五帝、三代之记,尚矣。自殷以前诸侯不可得而谱,周以来乃颇可著。孔子因史文次《春

秋》，纪元年，正时日月，盖其详哉。至于序《尚书》则略，无年月；或颇有，然多阙，不可录。故疑则传疑，盖其慎也。

余读谍记，黄帝以来皆有年数。稽其历谱谍终始五德之传，古文咸不同，乖异。夫子之弗论次其年月，岂虚哉！于是以《五帝系谍》《尚书》集世纪黄帝以来讫共和为《世表》。

《三代世表》包含五帝时代，故此表当从黄帝记起。上述两段话是反复说明"殷以前诸侯不可得而谱"，而历代谱谍记"黄帝以来皆有年数"是不可凭信的，故司马迁采取了比较稳妥的做法："以《五帝系谍》《尚书》集世纪黄帝以来讫共和为《世表》。"

司马迁在《史记·历书》序中说：

神农以前尚矣。盖黄帝考定星历，建立五行，起消息，正闰余，于是有天地神祇物类之官，是谓五官。各司其序，不相乱也。

司马迁没有对"五官"作说明，后人因不得其要领多有推测。这里有一个值得注意的问题是：司马迁在《五帝本纪》后论中说"学者多称五帝，尚矣"，在《三代世表》序中说"五帝、三代之记，尚矣"，在《历书》序中又说"神农以前尚矣"，诸种说法不一，处置方法也有不同。尽管如此,但一个总的目的却始终贯穿其间,那就是"上记轩辕"。本纪,记大事;表,谱年爵;书,写制度。《史记》从这三个方面来反映"上记轩辕"的写作思想。司马迁把关于黄帝的零星的传说纳入比较广阔的和有序的历史视野之中,对中国历史源头作了有价值的探索,并产生了深远的历史影响。